監修者——五味文彦／佐藤信／高埜利彦／宮地正人／吉田伸之

［カバー表写真］
「『浪華百景』永代浜」
（芳瀧画）

［カバー裏写真］
「搾糟製造之図」
（『房総水産図誌』）

［扉写真］
「雑喉場魚市の図」
（『浪花名所図会』広重画）

日本史リブレット 88

近世商人と市場

Hara Naofumi
原　直史

目次

▼セリ　単数の売り手ないし買い手が、多数の相手に価格競争をさせて行う売買の方式。

▼卸売　生産者から消費者にいたる商品流通過程の中間に介在する売りのこと。消費者に対して行われる小売りとは別に、生産者ないし買集め商人から仲買商や小売り商人に対して行われる売りを卸売という。

●―東京都大田市場のセリ風景

市場とはなにか

現在の私たちのまわりには、大小さまざまな市場がある。農産物などをもちよって開かれる朝市や、毎年や毎月の決まった日に道路や寺社境内で催される定期市《ていきいち》は、その素朴な形態であるように思える。公設市場など、常設の小売店を一定の区画に集積したものも、また市場と呼ばれている。これらの市場は、一般の消費者が気軽に訪れて買い物ができる場である。

一方で、大量の生鮮食料品が、専業の仲買人たちのあいだでセリ▲にかけられる、魚市場や青物市場など卸売《おろしうり》▲市場《しじょう》の活気あふれるようすを、映像などで眼にしたことがある人も多いだろう。株式などを扱う証券市場や、外国為替市場などの動向は、経済活動全体の重要な指標となる。「市場調査」などの言葉にみ

●新潟市西区内野《うちの》の定期市　かつては六斎市であったが、現在は毎月一日、十五日に開催されている。

▼干鰯・〆粕　イワシをそのまま干したものが干鰯、ゆでて魚油《ぎょゆ》をしぼったあとの絞りかすの固まりを、くだいて干したものが〆粕。〆粕は他の魚からもつくられ、魚油も商品として流通する。

られるように、特定の具体的空間を離れ、ある財貨・サービスが流通する抽象的な場の全体が市場と呼ばれることもある。これら専門化・高度化ないし抽象化した市場は、「いちば」ではなく「しじょう」と読まれることが一般的であろう。

このように市場とひとくちにいっても、そのありようは多種多様であるが、大きくみると共通点がある。その一つめは、そこが具体的な空間であれ抽象的な空間であれ、同時に多数の売り手や買い手が集まる場だ、ということである。このことはまず市場の基本的な要件といってよいだろう。

また二つめは、市場はなんらかの形で、商品の価格を決定する場だ、ということである。卸売市場で行われるセリなどは、その過程をよくあらわしている。そうしたセリの形をとらなくとも、いずれの市場でも、多数の売り手と買い手が出会うことで、需給のすりあわせがなされ、価格が決まっていく。前述した公設市場など、現代の小売りを中心とする市場では、基本的に売り手によりあらかじめ価格が設定されているが、客と売り手とのやりとりを通じて値引きなどが行われるのも、市場での買い物の楽しみの一つではないだろうか。

なお、現代の私たちになじみの深い市場の多くは、商品を広く売りさばく過

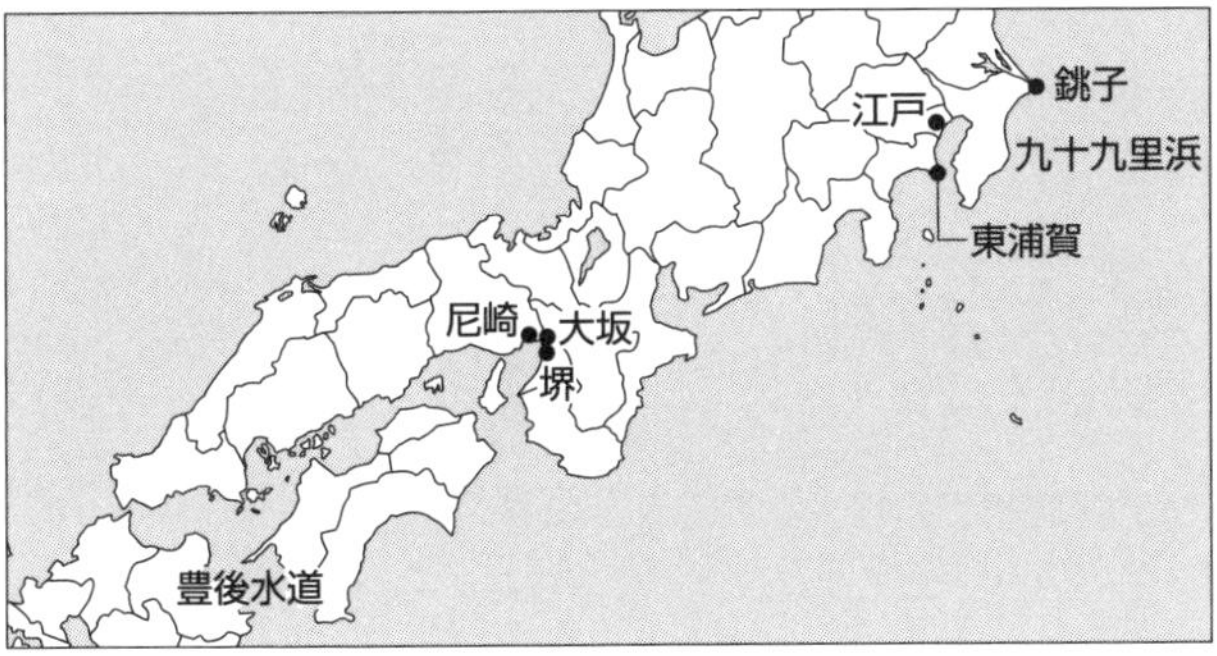

●――魚肥のおもな産地と集散地
このほか蝦夷地でニシン魚肥が生産される。

程にかかわるものだが、市場はそのような流通の末端にのみ存在するわけではない。織物業地帯にかつてみられた絹市《きぬいち》など、商品や原料の集荷の局面にも、また市場が成立した。市場は商品流通のさまざまな場面にあらわれるのである。

本書では近世、すなわち織豊期《しょくほうき》から江戸《えど》時代の市場を取り上げる。近世は、ここで述べたような特徴をもつ市場が大きく発展し、現代の専門化・高度化された市場の基礎が形づくられた時代だった。また近世は、商品経済がしだいに社会を覆っていく時代とみることができるが、その過程は、市場が発展していく過程と並行していた。

近世の市場にもさまざまなものがあるが、本書では魚肥《ぎょひ》の市場を取り上げる。魚肥とは干鰯《ほしか》・〆粕《しめかす》▲など、魚を加工してつくられた肥料のことである。

近世の農村における購入肥料のなかで、魚肥は代表的なものの一つだった。魚肥はさまざまな魚からつくられたが、中心的な原料はイワシとニシンである。イワシ魚肥は全国で生産されたが、九十九里浜《くじゅうくりはま》(現、千葉県)や豊後水道《ぶんごすいどう》沿岸(現、大分県・愛媛県)など、特産地も成立した。また、ニシン魚肥は、蝦夷地《えぞち》(現、北海道)でおもに生産された。いずれも全国的に流通し、遠隔地の農村にまで運ばれた。つまり魚肥は、農業を基本とする近世社会における重要物資であり、なおかつ広域に流通するという特徴をもった商品だった。

そして広域流通の結節点には、魚肥を専門に扱う市場が誕生した。本書では江戸・大坂・東浦賀《ひがしうらが》(現、神奈川県横須賀《よこすか》市)などに誕生した魚肥市場をおもに扱いながら、関連する鮮魚や塩干魚《えんかんぎょ》▲の市場にも目配りをしていこうと思う。

▼**塩干魚**　塩漬けにしたり天日《てんぴ》に干したりして、保存がきくように加工した魚介類の総称。干鰯も干して加工した魚だが、一般に塩干魚には食用のもののみを含める。

①―干鰯場の誕生

広域流通の結節点

房総半島《ぼうそうはんとう》など関東でのイワシ漁と魚肥《ぎょひ》生産は、漁業先進地である摂津《せっつ》・和泉《いずみ》・紀伊《きい》（現、兵庫県・大阪府・和歌山県）など上方《かみがた》諸国からやってきた出漁《しゅつりょう》民《みん》▲によって、十六世紀後期から十七世紀初頭、すなわち戦国末から近世初期に開始されたと伝承されている。当初は出漁民自身が魚肥を上方に持ち帰っていたが、やがて江戸《えど》や東浦賀《ひがしうらが》において、中継取引が行われるようになったという。

江戸での干鰯《ほしか》売買の始まりについては、以下のように伝承されている。上方漁民が江戸での干鰯売却を始めたのは一六三七（寛永《かんえい》十四）年であったが、当初は定まった問屋《とんや》もなく、縁のある商人に売りさばく程度だった。その後江戸の経済発展と入港する廻船《かいせん》▲の増加を背景として、干鰯の売れ行きも伸びたことから、承応《じょうおう》年間（一六五二～五五）に下総《しもうさ》国銚子《ちょうし》（現、千葉県銚子市）付近の荷主▲との相談によって、はじめて三軒の問屋が誕生した（「関東鰯網来由記《かんとういわしあみらいゆき》」▲）。

一方、東浦賀での伝承はこうである。まず紀伊の漁民が上総《かずさ》（現、千葉県）で

▼**出漁民**　旅猟師・旅網などとも称される。毎年の漁期に房総地域にやって来るだけでなく、定住する者もあらわれたが、出身地ごとのまとまりをつくり、出身地とのつながりを保ち続ける例もみられる。近世初期には房総地域の漁業の中核を担ったが、中期以降は地元漁民に主導権を奪われたとみられている。

▼**廻船**　中世以降、各地の港をつなぐ沿岸航路を航海し、主として遠隔地間の商品輸送に従事した船がこう呼ばれた。

▼**荷主**　一般には商品の所有者のことで、市場で商品が問屋に託されて売られる段階では、生産者自身や、産地の買集め商人が荷主となる。

▼**「関東鰯網来由記」**　一七七一（明和《めいわ》八）年成立の由緒書。作者不明。『日本庶民生活史料集成』一〇および『日本農書全集』五八に収載。

生産した干鰯を上方に積み戻る際に、中途の浦賀で商人にあずけ、上方から来た廻船へ積みかえることが行われるようになった。しかし積みかえだけでは、結局、代金決済のために漁民が上方と往復しなくてはならないため、やがて浦賀で売買までを行うようになった。こうして成立した問屋の株は、一六四二(寛永十九)年に公認されたという(「江《え》浦《うら》干鰯《ほしか》問屋《とんや》仲買《なかがい》根元《こんげん》由来記《ゆらいき》」▲)。

これらはいずれも後年の記録にみえる伝承だが、周囲の状況などからみて、ほぼ事実を伝えていると考えられる。十七世紀のなかば頃にかけて、江戸――上方間の商品流通と、廻船往来の活発化を背景に、江戸と、江戸湾入り口の要地にあった東浦賀とに、中継取引の拠点が成立したのである。中継拠点が成立したことで、出漁民自身は上方と頻繁に往来する必要がなくなり、関東での生産活動に専念できるようになった。これは生産と運輸、そして取引の担い手がそれぞれ分離していったことを示している。

目を西に転ずると、大坂では、のちに詳しくみるように、近世初頭以来の魚商人たちの移転・新地開発の流れのなかで、一六二四(寛永元)年に靫《うつぼ》永代《えいたい》浜《はま》(現、大阪市西区)が開発され、幕府の公認をえたと伝承されている。それまで大阪湾

▼「江浦干鰯問屋仲買根元由来記」　一八五四(安政《あんせい》元)年成立の由緒書。江戸干鰯問屋との争論に際し、東浦賀干鰯問屋がみずからの来歴・由緒をまとめたもの。横須賀史学研究会『東浦賀干鰯問屋関係史料』に収載。

周辺での干鰯の売買は、尼崎《あまがさき》（現、兵庫県尼崎市）・堺《さかい》（現、大阪府堺市）のみで行われていたが、この永代浜の誕生を機に、しだいに干鰯が大坂に集まるようになり、畿内近国《きないきんごく》の百姓《ひゃくしょう》・商人たちの需要に応えてこれを買い継ぐ干鰯仲買《なかがい》もまた、大坂にふえていったという（「三町《さんちょう》御開発塩魚《ごかいはつしおざかな》干鰯問屋幷《ならび》ニ雑喉場之《ざこばの》由来」▲）。漁業・魚肥生産の先進地であった上方では、尼崎・堺など先行する拠点都市があったことが関東とは異なっている。大坂での拠点の成立も、関東よりは二〇年程度早い。しかし両者ともに、大坂と江戸が太い商品の流れでつながっていく時代の流れのなかでの出来事であったといえる。

このように十七世紀のなかば頃にかけて、都市内部には需要をもたない魚肥の中継拠点が、江戸・大坂などの都市の発展を背景として誕生した。それはまさに、広域流通の結節点としての市場の誕生であった。

干鰯場の設置

江戸に成立した干鰯問屋は、初め隅田川《すみだがわ》から西に入る堀川（新堀川《しんぼりがわ》・日本橋《にほんばし》川《がわ》）にそう北新堀町《きたしんぼりちょう》・南茅場町《みなみかやばちょう》（いずれも現、東京都中央区）などの町々に店を構

▼**「三町御開発塩魚干鰯問屋幷ニ雑喉場之由来」**　大坂新靫町の塩魚問屋小高屋《おだかや》次郎左衛門《じろうざえもん》が、一七九二（寛政《かんせい》四）年頃に作成したと考えられる由緒書。『大阪市史』第五所収。

え、店の前の河岸《かし》▲で商売を行っていた。しかし寛文《かんぶん》年中（一六六一～七三）にこれらの河岸に蔵が建てられ空き地が狭くなると、荷は船に積んだまま、見本の俵だけを陸揚げして売買を行わざるをえなくなった。そこで六軒の干鰯問屋が、銚子付近の荷主と協議したうえで、一六九五（元禄《げんろく》八）年、店から離れた深川《ふかがわ》地域（現、東京都江東区《こうとう》）に揚場《あげば》を築き、「売人《うりにん》・買人立会《かいにんたちあい》の市売《いちうり》」の場とした。これが江戸で最初の干鰯場となる銚子場の成立の由来だという。

　これも後年の由緒書の記述だが、他の史料とあわせてほぼ事実だと判断できる。さらに銚子側の史料によれば、この出来事には、一つの訴訟がかかわっていた（『先代集《せんだいしゅう》』▲ほか）。

　訴訟は江戸の干鰯問屋と、干鰯仲買とのあいだで争われた。発端は前述した見本の俵が実際の商品と異なるのではないかと、仲買たちが疑惑を抱いたことである。そこで問屋側は、見本以外の荷もすべてならべられるように、十分な広さがある干鰯場を、店から離れた場所に用意した。しかし仲買側はこれも遠方で迷惑だと反発し、訴訟となった。問屋側には銚子付近の荷主が荷担し、問屋・荷主側が勝訴して、干鰯場での売買は幕府から公認されることとなった。

▼河岸　川や堀の岸で、船への荷の上げ下ろしなどの施設を備えた空間。市場として利用されることもある。大坂では同様の場所を浜・浜地《はまち》と呼ぶ。

▼『先代集』　銚子の有力醸造家田中玄蕃《たなかげんば》家の記録。『千葉県史料近世編　下総国 上』に収載。

▼木場　材木問屋たちの材木置き場として深川地区に設定された区画。一六四一（寛永十八）年の大火を機に成立し、その地が九九（元禄十二）年に御用地《ごようち》となると、さらに東方に移転した。

▼小名木川　隅田川と中川をつなぐ運河。一五九〇（天正《てんしょう》十八）年徳川家康《とくがわいえやす》の関東入国にあたり、下総国行徳《ぎょうとく》（現、千葉県市川市《いちかわ》）の塩を江戸に運ぶ目的で開削されたと伝承される。

●―江戸干鰯場一覧

名称	開設年	経緯など
銚子場	1696(元禄９)	前年からの争論を契機として銚子周辺荷主の主導で開設
永代場	1701(元禄14)	
元場	1709(宝永６)	
江川場	1710(宝永７)	当初一色町《いっしきちょう》にあり，1730(享保15)年に移転して以降，江川場と称される

一六九五年にまず設置された揚場は一時的なものだったが、翌九六(元禄九)年には、銚子の荷主たちの資金援助によって恒久的な干鰯場が成立した。「銚子場」の名は、この荷主との連携を、長く記憶するためのものであった。

こうして設置された干鰯場は、荷を水揚げしてならべる揚場であり、かつ売り手と買い手の双方が立ちあって価格を決定する市場《いちば》であることに、最大の存在意義があった。このあと江戸では、一七一〇(宝永《ほうえい》七)年頃にかけて、いずれも深川地域につぎつぎと干鰯場が設置され、移転をへて三〇(享保《きょうほう》十五)年頃までには、四つの干鰯場の構成が確立した(上表・一二ページ上図)。揚場・市場の空間を確保するためには、当時木場《きば》▲の移転などで再開発が進んでいた深川地域は、ふさわしい土地であったし、小名木川《おなぎがわ》▲などをへて房総方面から江戸への入り口にあたることも、この地域に干鰯場が集中した理由であった。

干鰯場ができると江戸の干鰯問屋は、銚子場と江川場《えがわば》を利用する組(銚子場組または江川場組)と、永代場《えいたいば》と元場《もとば》を利用する組(永代場組または元場組)との二つに分かれて組織された。すなわち干鰯場は、問屋仲間の結合の核にもなったのである。

なお干鰯問屋は、このあともしばらく隅田川より西側に店を構え続けた。幕末になると、干鰯問屋の店が干鰯場の所在する深川地区に移転する動きが生じたが、それまでのあいだ、江戸の干鰯取引では、市場と店とが空間的に分離しているのが、一般的なあり方だった。

干鰯場の空間構造

ここで一八四二(天保《てんぽう》十三)年に作成された銚子場の絵図により、干鰯場の空間構造をみてみよう(次ページ図)。

まず干鰯場の全体は、竹矢来《たけやらい》や板塀で囲われた閉じた空間となっている。中央に小名木川からつながる入堀《いりほり》があるが、ここにも水門が設けられている。外周には一四棟の土蔵《どぞう》と一棟の納屋《なや》がたちならぶ。入堀と土蔵・納屋のあいだは広く空間がとられており、ここが揚場・市場として利用されたのであろう。

往来に面した表長屋《おもてながや》や土蔵は、貸しだされて町屋敷《まちやしき》経営▲が行われていた可能性がある。入堀の水門に面して大きな宅地を構える「家主《いえぬし》」▲は、これら長屋の管理とともに、後述するように干鰯場全体の管理にも携わっていたとみられる。

▼**町屋敷経営**　近世都市の町人居住地において、所持地をみずから店舗や居宅などとして使用せずに、他者に貸して地代・店《たな》賃を取得する経営のあり方。

▼**家主**　地主にかわって土地・建物を管理し、町政上の役負担を代行し、地借・店借《たながり》から地代・店賃を徴収するなどの職務を行う者。家守《やもり》ともいう。

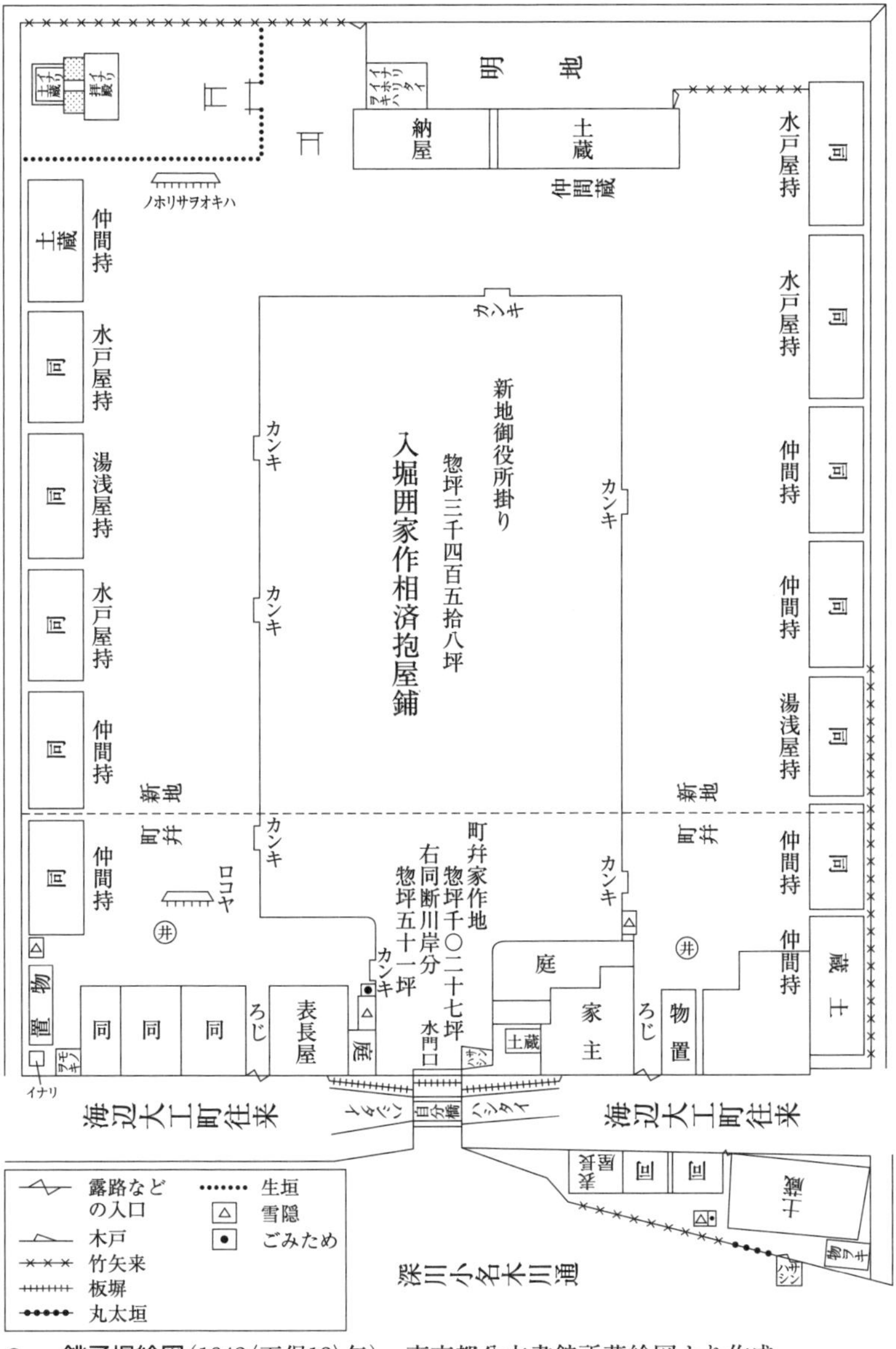

●──銚子場絵図(1842〈天保13〉年)　東京都公文書館所蔵絵図より作成。

●──江戸の干鰯場

干鰮場（干鰯場）跡の碑

●──小名木川と銚子場跡

小名木川に面した高層住宅（左写真）から，その裏手のK・インターナショナルスクールの敷地（右写真）にかけてが，銚子場の跡地である。

なお、土地は二つの役所の管轄にまたがるが、あわせて四四八五坪(約一・四八ヘクタール)あった。

こうしてみると干鰯場は、商品の運輸に不可欠な堀川との接続、商品の保管を行う土蔵や納屋、揚場・市場として機能する空き地、の三つを基本的な構成要素とし、これに管理施設などが付属したもの、とみることができる。なお銚子場以外の三つの干鰯場については、このように具体的な姿をうかがえる史料をみいだせていない。しかし機能から考えて、おおまかな構成要素は共通していたと考えてよいだろう。

これら干鰯場の土地は、干鰯問屋が共同で所持していた。たとえば近世後期の永代場組では、永代場と元場の土地を、組を構成する六軒の干鰯問屋が共同で所持していた。一方、同時期の銚子場組では、銚子場は水戸屋次郎右衛門《みとやじろうえもん》▲ら有力問屋三軒の共同所持、江川場は組内の干鰯問屋全員の共同所持であった。いずれも仲間を離脱する際には、土地の権利を仲間に譲ることとされていた。干鰯場の土地所持が仲間構成員の資格と直接結びつくこのような慣行は、「地《じ》面株《めんかぶ》」などと呼ばれた。これは十八世紀半ば以降、経営不振となった問屋が淘

▼**水戸屋次郎右衛門**　江戸の有力干鰯問屋。一六九六(元禄九)年以後の史料で確認でき、代々当主は次郎右衛門を名乗る。田辺《たなべ》姓。初め南茅場町、のち深川平野《ひらの》町に店を構える。

汰されていくなかで、土地を担保にした金融と結びつきながら確立していったものである。

江戸と東浦賀

江戸で四つの干鰯場の構成が確立してから八年後の一七三八(元文《げんぶん》三)年、東浦賀干鰯問屋が幕府に対し出願をした。近年、江戸問屋に荷をせりとられて難渋しているので、江戸行き干鰯荷物の一部を東浦賀揚げとするよう命じてほしいというのである。江戸問屋側は当然これに反対したが、東浦賀干鰯問屋は粘り強く出願を繰り返した。

東浦賀干鰯問屋側の主張によれば、東浦賀の不振は、(1)江戸問屋が高額の仕入金▲を産地に投下して、従来東浦賀に荷を送っていた荷主を奪いとったことと、(2)幕府への運上金《うんじょうきん》▲上納と引替えに東浦賀での問屋営業を一手に引き受けた請負人《うけおいにん》が、あいついで経営を失敗したこと、の二点によるものだった。その結果、一六九六(元禄九)年頃までは東浦賀にもそれなりの量の干鰯が水揚げされていたものが、一七〇〇(同十三)年以降、年々減少していったという。

▼仕入金　問屋が商品を集荷するために、荷主にあらかじめ前貸しされる資金のこと。問屋に送られた商品の代金で精算される。

▼運上金　商工業者などの営業税的な上納金のこと。しばしば排他的営業権の公認とセットとなった。東浦賀では、一六九二(元禄五)年に外部の者が年二〇〇両の上納とともに干鰯問屋業を一手に引き受けると出願し、これに在来の問屋が反対した結果、問屋たちの運上金上納が始まったとされる。一方、寛永年間(一六二四〜四四)以来運上金上納を行っていると記した史料もあり、初発の経緯はやや不詳である。

この一六九六年は前述したように、江戸で最初の干鰯場である銚子場が成立した年である。つまり江戸に干鰯場が誕生し整備されていった時期と、産地の荷主が東浦賀から離反していった時期とは、ちょうど重なっていたのである。この二つの動きが重なったのは、単なる偶然ではないだろう。

江戸の干鰯場は荷主にとって、有利な売買が実現できる場とみられていた。このことは、銚子周辺の荷主たちが江戸の干鰯場誕生を強く後押ししたことからもうかがえる。東浦賀干鰯問屋の出願に対して江戸干鰯問屋側は、自分たちが意図的に荷をせりとっているわけではなく、荷主側が主体的に江戸送りを選択しているのだと反論した。競争的な仕入金投下がまったくなかったわけではないだろうが、江戸での干鰯場の設置そのものが、多くの荷主を引きつけていったという側面を、想定できるのではないだろうか。

浦賀は江戸内湾に往来する廻船を把握するための要地として、早くから幕府の強い関心のもとにあった。一七二〇(享保五)年には、廻船改めの番所《ばんしょ》が伊豆半島の下田《しもだ》(現、静岡県下田市)から浦賀に移転設置されている。こうした浦賀の位置付けに基づく種々の役負担▲などを背景として、東浦賀干鰯問屋には、支

▼役負担　江戸湾内に出入りする廻船は必ず浦賀番所で改めを受けることとされたが、その実務は廻船問屋の手に委ねられていた。浦賀の廻船問屋は荷物売買の仲介をせず、廻船改めの業務に特化した特殊な問屋であったが、運上金のほか、湊の灯明台の油料など、さまざまな負担を課されていた。干鰯問屋もこの灯明台の諸入用や、公用への船提供などの負担をおっていた。

配権力の保護に頼る傾向がみられた。江戸行き干鰯荷物の一部東浦賀揚げという出願の根拠も、役負担に結びつけられていた。一方の江戸干鰯問屋は、この段階ではまだ権力との関係が希薄だった。

ところが、一七三九（元文四）年に江戸干鰯問屋仲間は、幕府に出願して問屋仲間としての公認をえた。その直接の引き金となったのは、拡大する江戸での魚肥取引に新規参入した商人たちが、既存の干鰯場の外につぎつぎと魚肥売買の場を設けていくような状況であった。仲間公認は、これら江戸の新規干鰯商人を仲間内に取り込み、既存の干鰯場での売買に集約する権限を幕府からえるために出願されたのであったが、時期的にみて、前年から顕在化した東浦賀干鰯問屋との対立もまた、念頭におかれていたのはまちがいないだろう。実際、江戸問屋は仲間公認以後、東浦賀との交渉に際して妥協的になる。仲間公認により、東浦賀干鰯問屋と同等の特権的存在となったことが、妥協をうながしたのだろう。

江戸と東浦賀の対抗はさらに曲折をへたのち、一七四七（延享《えんきょう》四）年、江戸行き干鰯荷物の一〇分の一を強制的に浦賀揚げとすることで決着をみた。東浦賀干鰯問屋はこのあとしばらくのあいだ、権力の保護によってかろうじて存続する、江戸干鰯問屋への寄生的存在にとどまることとなった。他方で江戸干鰯問屋は、関東産魚肥の流通における頂点の地位を掌握したのである。

十八世紀前期におけるこの一連の動きは、研究上古くから注目されてきた。そのなかでは、上方資本に依拠した伝統的な東浦賀問屋を、新興の江戸問屋が産地漁民と連携して凌駕していく過程として、解釈する見解もあった。しかし前述したように、江戸問屋も東浦賀問屋も、その初発の時期や事情はほぼ共通しており、必ずしも伝統と新興という図式はあてはまらないように思う。

前述したように、元来、江戸問屋は銚子付近など下総の荷主との関係が深く、他方で東浦賀問屋は、上総・安房《あわ》との関係を主としていたが、この時期以降、上総・安房の荷主も、江戸問屋との関係を深めていった。そもそもこの時期は、上方出漁民から地元漁民へと、イワシ網の経営主体が移行していく時期にもあたっていた。また後述するように、この時期の動きは大坂市場の変化とも連動していた。東浦賀の権力依存体質と請負人の問題なども含め、一連の事態は複合的な要因によるものだといえる。

しかしながら、流通機構のあり方に即して考えるならば、商品の江戸への集中をもたらすうえで、干鰯場の成立が大きな役割を果たしたことに注目するべきだろう。江戸干鰯問屋がこのあとも長く、干鰯場に荷を集中し、すべての荷をならべて値付けすることに強いこだわりを持ち続けたのも、このことを自覚していたからこそであろう。一方で十八世紀段階の東浦賀には、このような干鰯場はまだ成立していなかったようである。この違いのもつ意味をより深く理解するためには、干鰯場、ひいては市場での売買とはいかなるものかを考えることが必要になってくる。

②―問屋と仲買

売方と買方

ここでは市場における魚肥《ぎょひ》の具体的な売買のようすを、江戸《えど》干鰯《ほしか》問屋《とんや》喜多村《きたむら》富之助《とみのすけ》▲が記録した、幕末の元場《もとば》組の例▲を中心として検討する。

売買は「売方《うりかた》」と「買方《かいかた》」とのあいだで、セリによって行われたが、江戸の干鰯場における干鰯売買の大きな特徴は、この両者がいずれも干鰯問屋の奉公人《ほうこうにん》である点にあった。つまりそれぞれの問屋には「売方」「買方」の二部門があり、双方に奉公人が所属して役割分担をしていたのである。

彼らは問屋の奉公人なので、まずはそれぞれの問屋の店の一員である。しかし興味深いことに、問屋各店の売方の奉公人同士、買方の奉公人同士が集まって、独自に寄合《よりあい》(会合)を行ったり、取決めを作成したりすることがあった。また、売方と付合いがある産地浜方《はまかた》における豊漁祈願や、買方から上方に送りだされる荷物の海上安全祈願など、それぞれの役割に応じた祭祀《さいし》を、やはり売方・買方それぞれの奉公人が独自に主催することもあった。こうしたまとまり

▼**喜多村富之助**　元場組の有力干鰯問屋。一七三九(元文四)年以降史料に見える北新堀町秋田屋新助の株を、一八〇〇(寛政十二)年に下総国関宿《しもうさのくにせきやど》(現、千葉県野田《のだ》市)の干鰯問屋喜多村藤蔵家が買得し、江戸出店としたもの。

▼**幕末の元場組の例**　喜多村富之助が一八五二(嘉永《かえい》五)年に著わした「粕干鰯商売取扱方心得書」(国立国会図書館蔵)による。本書は、干鰯場での取引の方法をはじめ、浜方の荷主との関係、上方の売り先との関係が詳細に記された家業のマニュアルである。

●──買手中が奉納した石灯籠　一七三五(享保二十)年に奉納されたもの。

●──永昌五社稲荷の奉納石造物に見える売手中・買手中

1763(宝暦13)	1848(嘉永元)	1864(元治元)		問屋世襲名
売手中	売手中	売方中	買方中	
久住善八	久住儀八	久住政八	久住仁兵衛	久住五左衛門
尼屋平兵衛				尼屋喜四郎
住吉屋茂吉				住吉屋庄七
水戸屋甚兵衛	水戸屋弥兵衛	水戸屋久兵衛	水戸屋庄兵衛	水戸屋次郎右衛門
北川半蔵				北川五右衛門
多田屋善八	多田屋藤吉	多々屋善七	多々屋□吉	多田屋又兵衛
湯浅屋金兵衛	湯浅屋庄兵衛	湯浅屋弥右衛門	湯浅屋太郎兵衛	湯浅屋与右衛門
橋本喜右衛門				橋本助右衛門または小四郎
栖原金蔵				栖原屋久次郎
和泉屋忠次郎	和泉屋勘兵衛	和泉屋兵蔵	和泉屋六太郎	和泉屋三郎兵衛
		十一屋徳兵衛	十一屋喜十郎	十一屋藤蔵

は、売方(売手)中・買方(買手)中などと呼ばれた。

現在、東京都江東区《こうとう》にある永昌五社稲荷《えいしょうごしゃいなり》▲の参道には、これらの祭祀にあたって奉納された石造物を多くみいだすことができる(前ページ写真)。これら石造物にきざまれた名前は、一見すると自立した商人を思わせるが、いずれも干鰯問屋主人の屋号と奉公人自身の名の組合せである(前ページ表)。売方・買方の奉公人たちが、それぞれ問屋の店の一員でありながら、他方では独自に仲間を組織するなど、なかば独立した経営体のようにふるまうという、独特な性格をもっていたようすが、ここにはよく反映されている。

市場を構成する人びと

問屋はそれぞれ干鰯場のなかに「売場《うりば》」と称する空間を所持していた。これとは別に、産地から荷を積んでくる船の船宿《ふなやど》をつとめる「揚船方《あげふねかた》」と呼ばれる者も、問屋とは別に自身の売場▲をもっていた。

売場は市場としての干鰯場の中核である。そこには到着したすべての荷がならべられ、そのなかから事前に俵の口をあけて内容物を確認する「売俵《うりだわら》」を選ん

▼**永昌五社稲荷**　富岡八幡宮《とみおかはちまんぐう》境内に末社として包摂されている神社。かつて江川場《えがわば》にまつられていた神社が、明治期に移転し、他の神社とも合祀して成立したもので、江川場組の関係者が奉納した石造物が多く引き継がれている。

▼**揚船方の売場**　この売場が問屋の売場とどのような違いがあり、双方がどのような関係であったかについては、なお未詳である。

▼日傭　日用・日雇ともいう。一日単位で雇用される労働者。近世都市に多数居住し、主として多様な肉体労働に従事した。

だり、計量をしたりといった作業が、作法に則って行われた。これらの作業を行うのは、日傭《ひよう》▲の人足も含め「売場之者」と呼ばれる人びとであった。このような人びとが所属するという点からみて、売場は物理的な空間であるとともに、問屋や揚船方の内部の一組織という側面をももっていた。

こうして売場にならべられた荷について、「市立て」、すなわち売方と買方とのあいだでのセリによる売買が行われる。ここで注目されるのは、問屋に送られた荷は、徹底してすべてを市にかけるよう定められていたことである。たとえばある問屋の売方に送られてきた荷を同じ店の買方がほしいと思った際も、これを内部で処理することは許されず、市にかけ他店の買方とのあいだで競り落とさなければならないとされていた。このことは江戸干鰯問屋自身の言でしばしば強調されたが、そうしないと「値組に響く」というのであった。すなわち有利な価格を形成するためには、徹底した市売買が必要であるという意識が存在したことに、注目をしておきたい。

市立て後の記帳や、売買双方が価格を最終決定する引合《ひきあい》などの諸事務・手続きは、干鰯場に設けられた「会所《かいしょ》」で行われた。会所ではこれら日々の業務のほか、仲間の寄合なども行われたが、そこには「会所之者」と呼ばれる人間が常駐して、それらの世話を行った。また会所之者は、これら会所で行われる諸業務の世話だけでなく、干鰯場が位置する町《ちょう》の公用をつとめ、番（警備）や掃除など干鰯場の日常的管理に携わり、抜け荷監視の出張など仲間全体の用務をもつとめた。つまり会所之者は、問屋仲間に雇用されて、仲間の諸用務をつとめるとともに、干鰯場という特殊な町屋敷の管理を、地主である干鰯問屋にかわって行う家守《やもり》▲なのであった。さきにあげた銚子《ちょうし》場《ば》の絵図に見えた「家主」は、銚子場の会所を示しているのであろう。会所之者の下には、番人・掃除人などがさらに雇用されていたと思われる。

このように干鰯場は、問屋各店の主人で構成される問屋仲間を頂点とし、問屋内部に包摂される売方・買方や売場の奉公人、船宿機能を担う揚船方、仲間に雇用される会所之者＝干鰯場家守、日傭人足や番人・掃除人などにいたるまで、多様な人びとの結び付きによって、担われていたのである。

▼**家守**　一〇ページ「家主」参照。

口銭諸懸り

市場における問屋の基本的な役割は、荷主の委託を受けて荷を売りさばくことである。ここではまず干鰯問屋と浜方の荷主とのあいだで作成された仕切《しきり》状《じょう》▲をもとに、その関係をみていこう（次ページ図）。差出人の西宮十次郎《にしのみやじゅうじろう》▲は元場組の江戸干鰯問屋、宛先の飯高揔兵衛《いいだかそうべえ》▲は、九十九里粟生《くじゅうくりあお》村（現、千葉県九十九里町）の網主で荷主である。

図の解説からもわかるように、市《いち》で計量とセリに基づいて価格が決定し、集計されるが、ここから口銭《こうせん》▲・船賃▲・場懸《ばかか》り▲が差し引かれて、問屋から荷主に渡される（この仕切状の段階では問屋の預かりとなっている）。荷主が受けとるべき代金から差し引かれているわけだから、この口銭以下の費目は、荷主側が負担する諸経費ということができる。この取引では、口銭はほぼ代金一両につき銀一匁、船賃は一俵につき銭一六文、場懸りは一俵につき銀約四厘の割合となっている。

次ページ表は喜多村富之助の記録に見える、元場組における「売方懸り物」の一覧である。市で問屋の売方が荷を売りさばく際に、代金や数量に応じて賦課

▼**仕切状**　市場での売買が成立すると、問屋は売買を委託された相手に対し、荷の品質・数量や価格、各種手数料などを明記した計算書を作成交付した。これが仕切状で、その価格が仕切値である。

▼**西宮十次郎**　元場組に属する有力干鰯問屋の世襲名。重次郎とも。一七三九（元文《げんぶん》四）年の史料以後確認でき、当初南茅場《みなみかやば》町、幕末に深川《ふかがわ》材木町に移転。

▼**飯高揔兵衛**　一七九〇〜一八五二。九十九里粟生村の有力地引網主飯高家の四代目当主。飯高家については八一〜八四ページも参照。

▼**口銭**　売買受託の基本的な手数料。

▼**船賃**　ここでは江戸まで荷を積んできた船の船賃。

▼**場懸り**　干鰯場内の売場の諸経費にあてたものかと思われる。

仕切
一、四俵七分①拾六俵　N五②　弐九三③
内四俵不足
代　弐両弐分
弐匁九分七リ④
（中略）
〆百弐拾八俵
代合〆　廿九両壱分
弐匁三分六リ⑤
内
一、廿八匁八分九リ　口せん⑥
一、弐〆四拾八文　舟ちん⑦
代　壱分
四匁四分七リ
一、五匁壱分七リ　場懸り⑧
引〆　金廿八両壱分
五匁七分八リ⑨
六百七文
そかの七郎兵衛舟⑩
右之通代金銀留置申候⑪、い上
西宮十次郎 印
子八月十四日
飯高捴兵衛殿

●──干鰯場での取引を示す仕切状（『九十九里町誌史料集』15より）

①この16俵のグループの単価が，金１両につき４俵７分と定まったことを示す。②このまとまりの生産者を示す俵印。③このグループの俵を計量したところ，平均２盃９合３分であったことを示す。④容量不足があった４俵を除いて，12俵で金２両２分と銀２匁９分７厘の価格になることを示す。⑤この取引の全体128俵分の価格が，合計で金29両１分と銀２匁３分６厘になることを示す。⑥代金から差し引かれ問屋の収入となる口銭。⑦代金から差し引かれ魚肥を運搬してきた船に払われる船賃。銭２貫48文が払われるが金１分と銀４匁４分７厘に換算して計算する。⑧代金から差し引かれ売場の諸経費にあてられる場懸り。⑨代金から⑥〜⑧を差し引いて荷主に渡る額が，金28両１分と銀５匁７分８厘になる。銀で表示した端数は銭に換算して607文となる。⑩江戸まで荷を運んできた船は曽我野村（現，千葉市中央区）の小河原七郎兵衛の船。船が決済に関与するので，このように仕切状に記載される。⑪代金は荷主にすぐに渡さず問屋があずかっておいた。

●──江戸干鰯問屋売方諸懸り物（元場の例）

九十九里産干鰯，外廻り船で着船の場合		
費　　目	金　　　　額	徴収方法・渡し先
浜方仕切口銭	代金１両につき銀１匁	浜方への仕切金より差引
皮	代金１両につき銀７分	買問屋より受取
外	１俵につき銭５文	買問屋より受取，盆暮に集計し年番へ
場銭	１俵につき銭２文	盆暮に集計し年番へ
蔵敷	100俵につき１日銀３分	浜方への仕切金より差引
蔵出し入れ	１俵につき銀６厘	浜方への仕切金より差引
場懸り	１俵につき銀１分	船手より運賃勘定の節受取
内　苦銭	３厘５毛	年番箱に払う
番銭	２厘	会所の者に払う
揚船	４厘５毛	揚船宿売場へ払う（内揚分は店へ）
運賃	100俵につき銀102匁	浜方への仕切金より差引，船手へ

される諸経費を列挙したものだが、このうち冒頭の口銭は、先述のように荷主負担で代金から差し引かれる。次の「かわ(皮)」と「外」は荷を競り落とした側の問屋の買方が払うものとされる。さらに口銭以外に「浜方仕切表《おもて》」すなわち荷主へ渡す代金から差し引かれる経費として、蔵敷《くらしき》や蔵出し入れがあげられる。浜方金利や浜方運賃も、荷主負担である。

また場懸りは、さきにみた仕切状では荷主が負担していたが、房総《ぼうそう》半島をまわって船で運ばれる荷の場合を示したこの表では、その船の負担となっている。これは、これらの船の船宿である揚船方が独自の売場をもっていたことと対応するとみられる。問屋所持の売場が使用されれば、場懸りは問屋が受け取るが、このなかから売場の者の雇い賃などが支出される。

蔵敷や蔵出し入れは、蔵持の問屋であれば自身の収入となるが、すべての問屋が蔵を所持しているわけではなかった。また一定期間蔵入れした荷のみに適用されるから恒常的なものではない。利息も決済の期間により必須のものではなく、運賃は当然船に支払われる。

こうして、これら懸り物のうち特定の支出にあてられるものを除くと、結局、

▼**皮と外**　ともに買い手の問屋が負担するが、皮は売り手の問屋が取得し、外はまとめて仲間の年番におさめ、干鰯場の諸経費となる定めであった。

▼**蔵敷**　蔵の使用料、すなわち保管料。

▼**蔵出し入れ**　荷の蔵への出し入れにともなう労働者の雇用などに関する経費。

▼**浜方金利**　あらかじめ浜方荷主に貸しだした仕入金との相殺にあたって適用された金利と考えられる。

問屋の収入として基本的なものは、浜方仕切値《しきりね》から差し引かれる口銭と、買方からえる「皮」であった。この両者は、問屋の基本的な業務である委託売買に対する手数料であり、江戸の魚肥市場では、売方の問屋がこれを荷主と買方の双方から受け取ることが、仲間の決りとして定まっていたのであった。

買付物と送り物

ついで買方の問屋が扱う懸り物の一覧をみてみよう(次ページ表)。皮と外の記述はさきにみた売方懸り物の記述に対応していることがわかる。その他雑多な項目もみられるが、ここでは「買付物」と「送り物」の違いに注目したい。

買付物とは、問屋の買方が、上方《かみがた》などの顧客からの注文に基づいて江戸の市で買いつけた品物のことである。注文に従って市で買いつけるから、江戸の市で決定した価格に基づいた代金が上方の顧客に請求されるが、その際江戸の売場の経費である場懸りと、江戸問屋が顧客の買いつけを受託した手数料である「買口銭」が上乗せされて請求されるとみられる。

一方、送り物とは、江戸問屋の買方が見計らいで上方などの顧客に送るもの

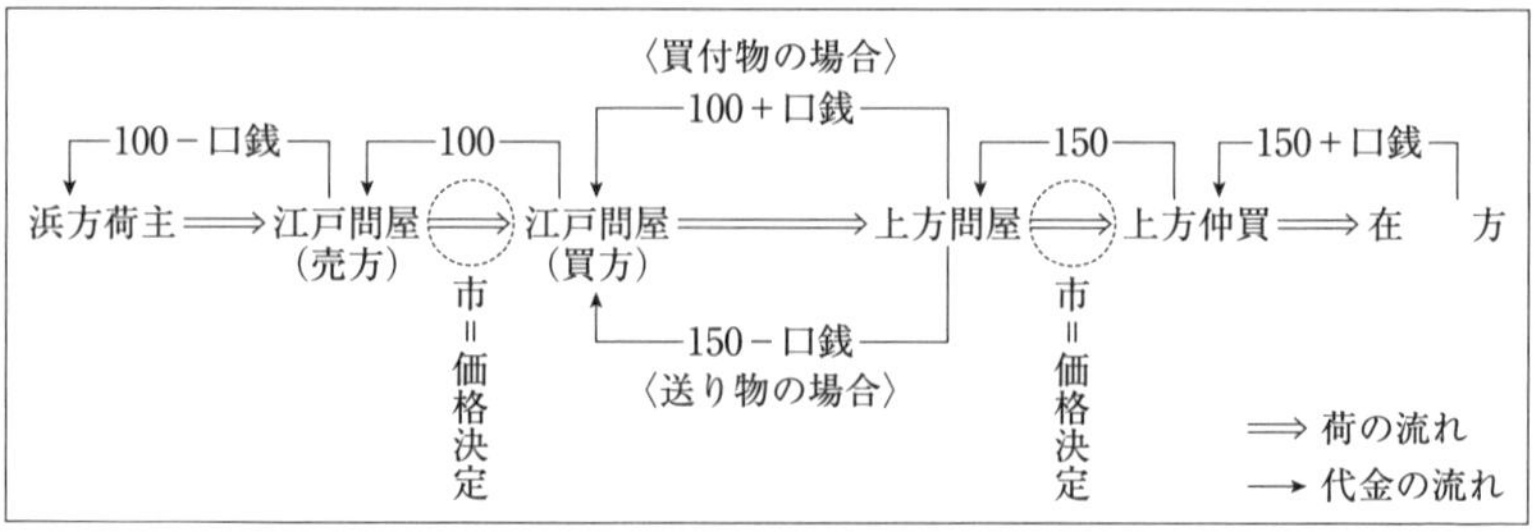

●──**地域間価格差と買付物・送り物**　江戸の市売価格を100，上方の市売価格を150とした場合。

●──**江戸干鰯問屋買方諸懸り物**(元場の例)

九十九里産干鰯，大坂行きの場合		
買付物・送り物共通か		
費　目	金　額	徴収方法・渡し先
皮	代金１両につき銀７分	売問屋へ
外	１俵につき銭５文	売問屋へ
苫銭	１俵につき銀２厘	年番へ？　他に１俵につき１文売場へ
日雇賃	１人前並264文	毎月晦日勘定し売場へ
茶船積込懸り	１俵につき銭１文５分	元船より差出，積問屋より節句に受取
運賃	１俵につき？銀８分５厘	
買　付　物		
費　目	金　額	徴収方法・渡し先
場懸り	１俵につき銀１分	
送　り　物		
費　目	金　額	徴収方法・渡し先
口銭	10匁につき２分	大坂問屋の仕切代金より差引
中買	10匁につき３分	大坂問屋の仕切代金より差引
俵引・中仕	１匁につき３分	大坂問屋の仕切代金より差引
花敷	１匁につき５厘４毛	大坂問屋の仕切代金より差引

である。上方の顧客も多くはその地の干鰯問屋なので、その地の市で仲買などに売却がなされ、そこで決定した価格が仕切値となる。先方の市にも懸り物が存在するから、江戸問屋に送られる代金は、仕切値からそれらを差し引いて江戸問屋に送られる。こうした懸り物の種類や額はそれぞれの市によってさまざまである。表には大坂の例をあげたが、もとになった史料では「送り物国々諸懸扣《ひかえ》」として、大坂以外にも兵庫・灘《なだ》・尾崎《おざき》・岸和田《きしわだ》▲などさまざまな土地の懸り物のバリエーションを列挙している。

　このように問屋の買方は顧客との関係に基づいて、買付物と送り物という、二種類の荷を扱った。これは双方に市があり、双方で価格が決定されるという事情に基づいている。では両者のあいだに価格差があった場合、その差額はどのように処理されるのであろうか。前ページ図をみてわかるとおり、江戸の市より上方の市のほうが高値で荷が売れた場合、買付物の場合は上方の問屋が、送り物の場合は江戸問屋が差額を取得することになる。すなわち地域間価格差をいずれの問屋が取得するかに違いが出てくるのである。もちろん上方での値が思うようにあがらなかった際の損失を、どちらがおうかも同様である。

▼兵庫・灘・尾崎・岸和田　大阪湾沿岸では、さきにみた尼崎《あまがさき》・堺《さかい》や大坂のほかに、摂津《せっつ》では兵庫（現、兵庫県神戸《こうべ》市）・灘（同）など、和泉では尾崎（現、大阪府阪南《はんなん》市）・岸和田（同、岸和田市）など多くの土地に干鰯商人が成立し、地元産魚肥だけでなく、こうした関東産魚肥をも扱っていた。

江戸干鰯問屋に即してみた場合、問屋の買方が干鰯場で荷を買いとり、自分荷として保持することによってはじめて、これを送り物とし、地域間価格差を取得することができたのである。このことのもつ意味は非常に大きい。

仲買の吸収

商品集散地の市場において、産地の荷主から送られた商品は、問屋→仲買→小売という順序で売られていくことが一般的であろう。たとえば江戸日本橋《にほんばし》の魚市場▲では、浜方から送られた鮮魚を問屋が仲買に対して売りさばき、仲買は問屋の店先などに設けた板船《いたぶね》▲に買った魚をならべて、市中の魚小売商人に対しこれを売りさばいた。このようなあり方と比べると、問屋の奉公人同士のあいだで行われる江戸の干鰯場の市売買は、かなり異質であるように思われる。

さきにみた銚子場成立に際しての争論では、問屋と仲買が争っていた。つまり十七世紀末のこの時期までは、江戸での干鰯売買も問屋と仲買のあいだで行われていたのである。ところが、この争論で仲買側が敗訴して以降、史料に仲買の姿は一切見られなくなる。一方で前述した永昌五社稲荷参道には、干鰯問

▼江戸日本橋の魚市場　本書七五ページ参照。
▼板船　桶を台にした上に長方形の板を渡し、鮮魚をならべて仲買の売場としたもの。

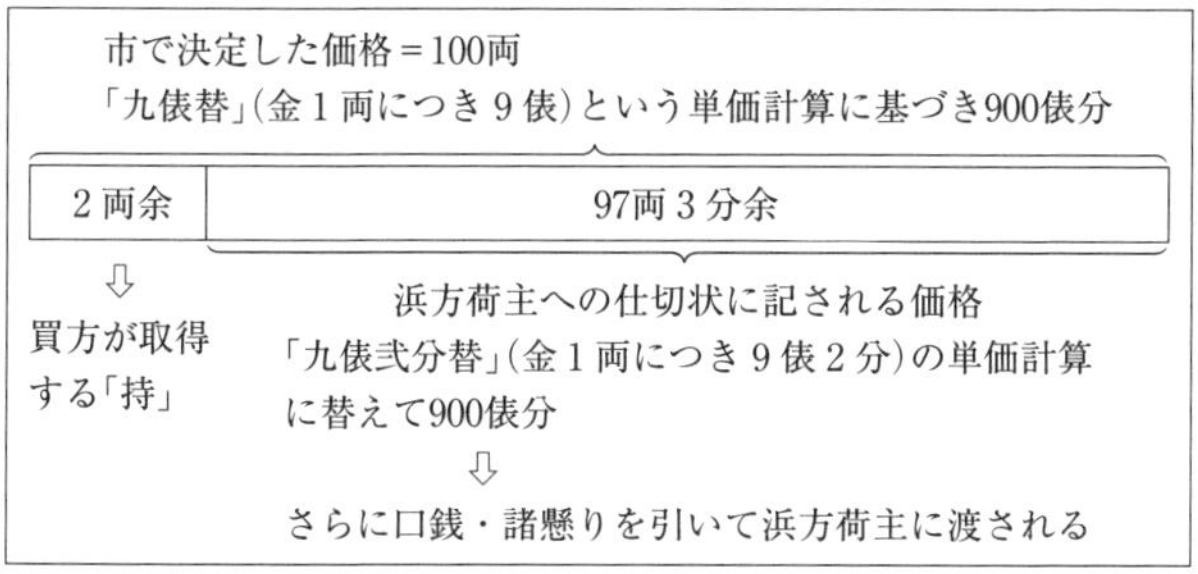

●—「持」の構造

屋内部の「買手中」が奉納したと思われる灯籠《とうろう》が、干鰯場の構成が確立した直後の段階からすでにみられる（二〇ページ写真）。これらのことから、元禄《げんろく》の仲買との争論とこれに続く干鰯場設置の動きと並行して、独立経営の仲買は江戸での干鰯売買から排除され、その機能は問屋内部の買方に吸収されていったと考えられるのである。問屋内部の売方・買方がまるで独立した経営体のように振舞うのは、こうした歴史的経緯を反映したものとみることができる。

このような仲買の排除・吸収がもたらした効果について考えてみよう。問屋・仲買はさきにみたように、市での委託売買に際してさまざまな手数料収入をえる存在だが、江戸での干鰯売買においては、一般的な手数料である口銭などとはやや異なる「持《もち》」という慣行があった。

「持」は「二《に》分《ぶ》持《もち》」とも呼ばれ、市で決定した価格よりも俵高二分だけ安く浜方仕切値を設定し、その差額を取得するものであった（上図）。元禄の争論ではこの持が「仲買持」と表現されていることから、干鰯売買が問屋と仲買のあいだで行われていた時期には、この持は仲買の取り分であったことがわかる。一方で幕末期にいたるまで、江戸干鰯問屋は「二分持」を重要な収入源として位置づけていた。つまり江戸干鰯問屋は、仲買の排除・吸収によって、本来仲買固有の取り分であった持を、みずからの収入として組み入れたのである。

仲買の排除・吸収は、また別の面からも問屋に利益をもたらした。さきにみたように問屋の買方は、干鰯場で荷を買いとり、これを送り物とすることで地域間価格差を取得することができたのだが、この機能は本来、問屋とは別経営の仲買が果たしていたはずのものである。すなわち江戸干鰯問屋は、仲買を排除し問屋内部にその機能を買方として吸収することで、地域間価格差をも、みずからの手にしていったのである。

一般に商品集散地の市場では、問屋の業務は、産地荷主から商品の売りさばきを委託され、市場のなかにみずからが保持する売場でこれを行うことで、手数料としての口銭をえる、荷受業務を主体とすることが多かった。他方、仲買は、こうした問屋の市場で買いとった商品を、みずからの手でさらに小売商人に売りさばくことで、差額を取得した。そうした意味で、みずからのものとした商品を売買することで差益をえる、商人としての本質的性格を保持しているのは仲買の側であり、これに対して問屋は、そのような商人や荷主が顧客と出

▼商人宿の系譜　商人宿は、単に遠隔地の商人を宿泊させるだけでなく、彼らに売場を提供し、また売買を受託することで、問屋としての性格を強める。こうして問屋にとって都市内部の土地＝町屋敷の所持が本質的な要件となることから、都市で町人として最初に定着するのが宿・問屋であるとされる。

会う場を集散地において提供する、商人宿の系譜▲を引くものである、という理解がなされている。こうした理解に基づくと、江戸干鰯問屋は、仲買を吸収することによって、本来仲買がもっていた本源的な商業利潤を手にすることができるようになった、とみることができる。送り物に基づく上方との地域間価格差は、その典型的なものだろう。

このように干鰯場の設置と並行して進んだ仲買の排除・吸収は、江戸の干鰯問屋に大きな利益をもたらすことになった。仲買を吸収することで問屋と仲買の両方の特徴をあわせもつ強力な存在となった江戸の干鰯問屋は、このことによって大きな独占的地位を手にしたのである。

もちろんこのようなあり方は、いずれの問屋や市場にもみられるというものではない。問屋と仲買がつねに市場で対等に立ちあっていた業種は多いし、のちにみる大坂のように、時代によってはむしろ仲買が主導権を握っていたようにみえる市場も存在した。その意味では江戸干鰯問屋の独占的地位は、非常に特殊なものである。しかしここまでみてきたことで、そうした地位は、市場での売買のあり方や、価格の決定といった、普遍的な諸要素を、歴史的な過程の

▼仕入問屋　荷主から売買を委託される荷受問屋と異なり、自己資本で商品を産地から仕入れて売りさばく問屋がこう呼ばれた。

なかで一つひとつ掌握していったことによりえられたものであったことが、理解していただけたのではないだろうか。

従来、近世の問屋商人を論ずるうえで、たとえば江戸木綿問屋仲間において、十七世紀末以降、仕入問屋▲が旧来の荷受問屋を圧倒した事例などが注目され、問屋は荷受問屋から仕入問屋へと発展するものと理解されてきた。しかしのちに塚田孝氏らにより、仕入問屋は仲買の系列にあり、問屋とは本質的に異なる存在なのではないかと指摘された。このことを江戸干鰯問屋仲間の事例と比べてみると、木綿問屋仲間における仕入問屋はまさに仲買の問屋化とみることができ、逆の方向でありながら、問屋・仲買の要素をあわせもつ経営が市場を支配するという点では、江戸干鰯問屋と共通した事態とみることができる。こうしてみると、特殊なもののように見えた江戸干鰯問屋の事例であるが、問屋や仲買の原理的な側面を考え、都市の問屋仲間のありようを考えるうえで、普遍的な論点を提供するものであることに気づかされる。

③—大坂の干鰯屋仲間と市場

靫の島

江戸《えど》に続いて、大坂における魚肥《ぎょひ》取引の特徴をみていこう。由緒書によれば、豊臣秀吉《とよとみひでよし》の大坂城築城▲後、それまで天満鳴尾町《てんまなるおちょう》(現、大阪市北区)付近に住んでいた魚商人たちが北船場《きたせんば》の地に移転し、靫町《うつぼちょう》・天満町《てんまちょう》(現、大坂市中央区)が成立して、ここがまず魚市場▲となった。この魚商人たちはその後一六二二(元和《げんな》八)年に、船着きが遠いとして新地開発を出願し、新靫町《しんうつぼちょう》・新天満町《しんてんまちょう》・海部堀《かいふぼり》川町《がわちょう》の三町(現、大阪市西区)があらたに成立した。新靫町・新天満町は靫町・天満町の「魚商売人問屋《といや》▲仲買《なかがい》一同」が移転したもので、旧地は本靫町《もとうつぼちょう》・本天満《もとてんま》町《ちょう》と改名した。また海部堀川町は当初材木商人の町であったが、しだいに魚商人との交代が進んだ。こうして成立した三町は「靫三町」と呼ばれた。

続いて一六二四(寛永《かんえい》元)年、荷物運送の便のため靫三町のあいだにあらたに永代堀《えいたいぼり》が開削され、堀留《ほりどめ》▲に永代浜《えいたいはま》が設置された。この永代浜は幕府より「永代諸魚干鰯《ほしか》揚場《あげば》・市場」として認められ、建家はさせず、「三町商売人之浜」とし

▼**豊臣秀吉の大坂城築城**　一五八三(天正《てんしょう》十一)年に開始され本丸《ほんまる》は八五(同十三)年に完成した。その後も秀吉が没する一五九八(慶長《けいちょう》三)年まで普請が続けられた。

▼**靫町・天満町の魚市場**　その跡地である大阪市中央区伏見《ふしみ》町一丁目・二丁目付近から魚の荷札木簡《にふだもっかん》が発掘され、この地に魚市場が存在したことが実証されている。

▼**問屋**　関東ではおもに「とんや」、上方ではおもに「といや」と読まれた。

▼**堀留**　堀の突きあたった部分。終点。

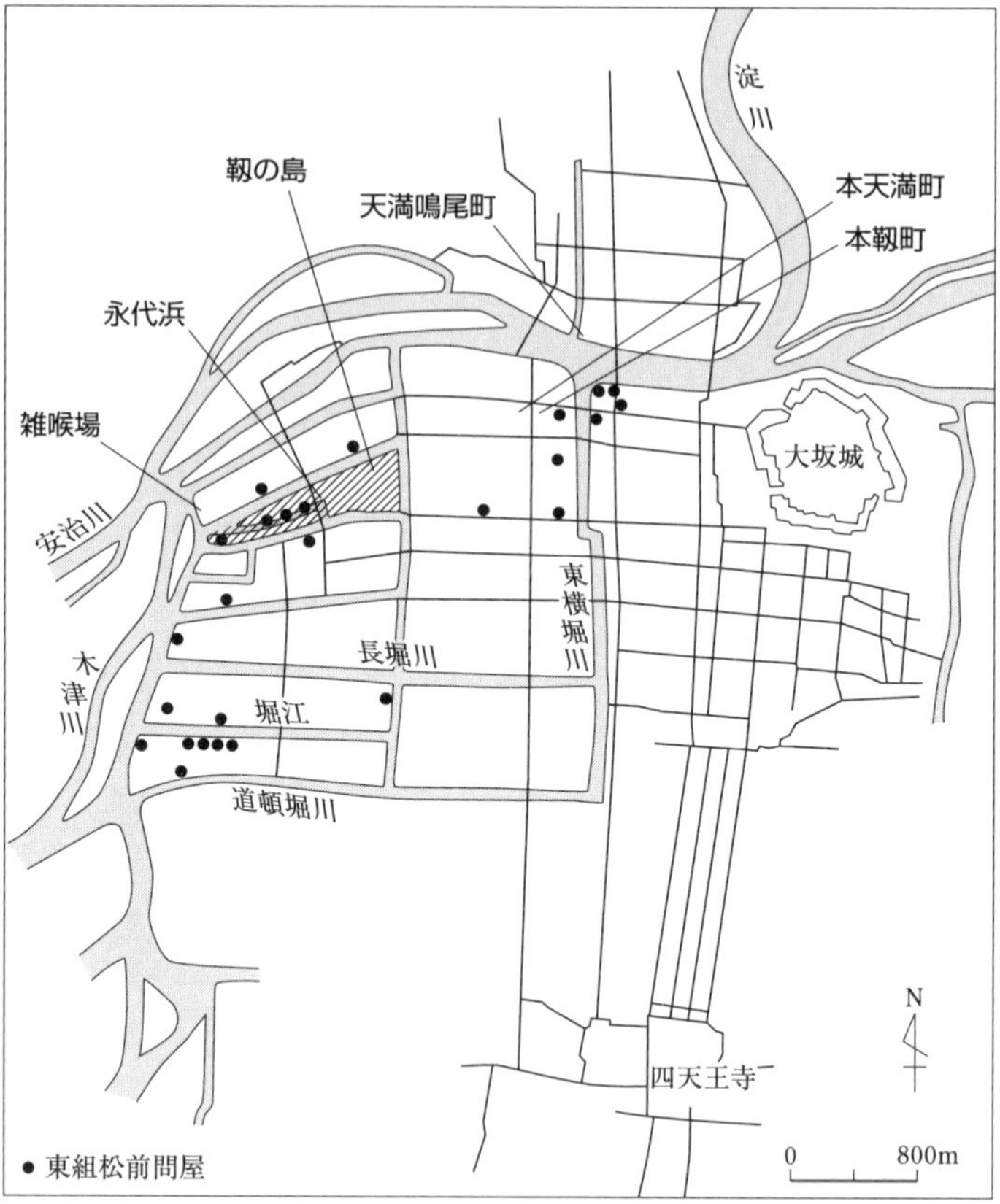

●—大坂干鰯屋関係地図

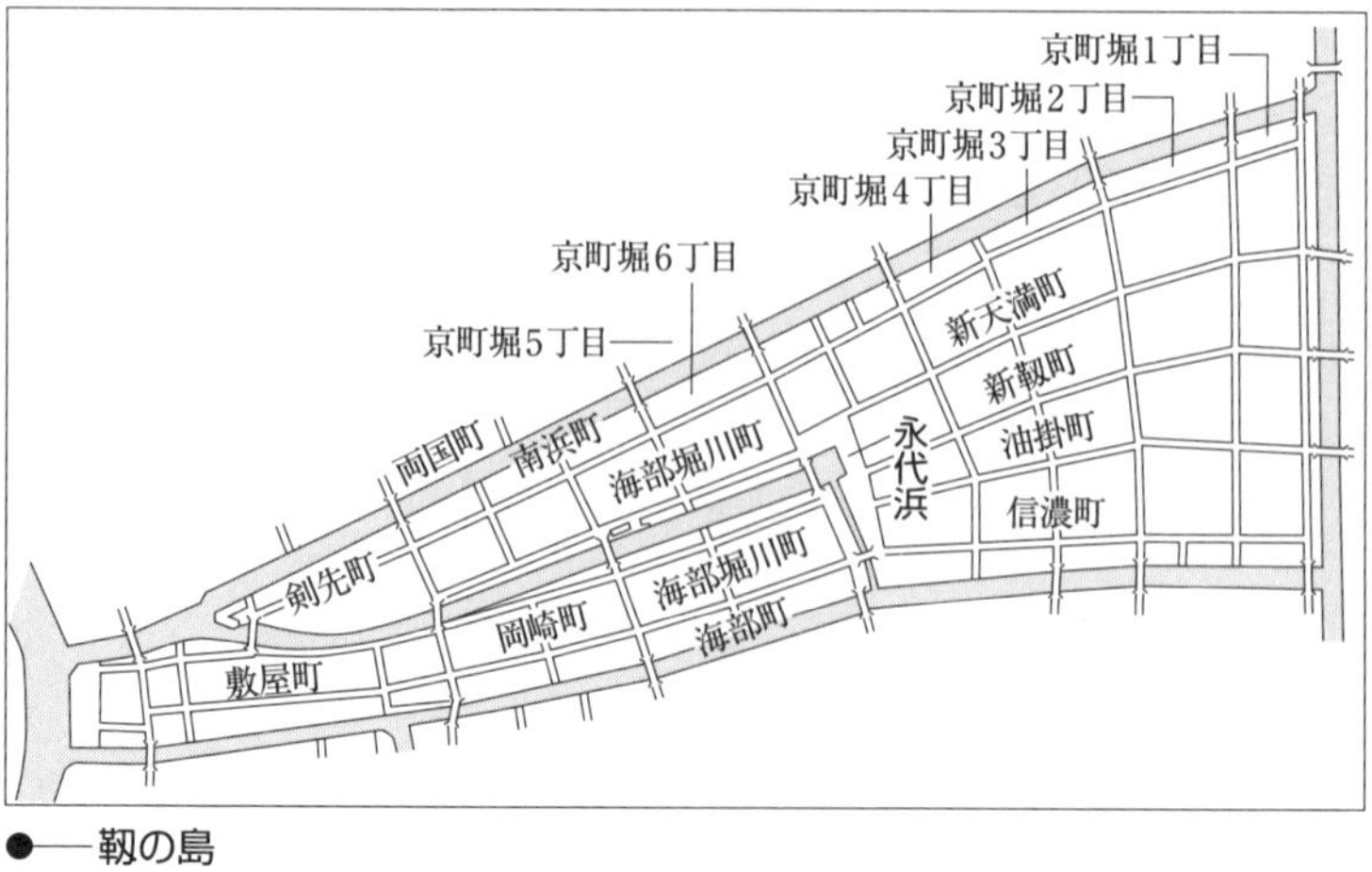

●—靭の島

て用益し、「三町年寄立会支配《としよりたちあい》」の場とされたという。永代浜の設置を機に、大坂での干鰯取引が盛んになり、干鰯仲買もふえていったというのは、先述したとおりである。

こうして干鰯商売に携わる者がふえると、三町のみには居住できなくなり、隣接した油掛町《あぶらかけちょう》・信濃町《しなのまち》・海部町《かいふちょう》・敷屋町《しきやまち》・京町堀《きょうまちぼり》二丁目・四丁目・五丁目(現、大阪市西区)にも居所が広がった。この地域は京町堀・西横堀《にしよこぼり》・阿波堀《あわぼり》の三つの堀川に囲まれた島状の地域だったので、この地の全体を「靱の島」と呼ぶようになったという。

これらの記述には、次の章で詳しくふれるように、由緒書の常として、自分たちの立場の正当性を強調するための仕掛けがいくつか含まれているが、おおよその歴史の流れは、事実とみて差しつかえないと考えられる。そしてこの一連の流れから注目されるのは、大坂での干鰯取引が、以前から食用の魚を扱っていた魚商人たちの経営の展開のなかで、これに上乗せする形で始まったことである。これはおそらく、食用の鮮魚や塩干魚《えんかんぎょ》の市場とは別の流れから魚肥市場が成立した江戸との大きな相違点であり、大坂魚肥市場の特徴としてみることができる。

永代浜自体、食用の塩干魚と干鰯との融合した市場であり、「永代諸魚干鰯揚場・市場」という表現がそのことを端的に表現している。もっとも当初の頃は別として、十八世紀後期頃には、干鰯・〆粕《しめかす》は永代浜で荷揚げも市立てもする一方で、塩干魚は永代浜で荷揚げをしたのち、三町の問屋の店に送られ、店先に仲買を集めて市立てがなされるようになっていた。

永代浜を囲む三町は、開発以来の由緒を伝える地であり、塩干魚と干鰯を兼営する有力問屋がここに店を構えた。一方その外側の町々は、あらたに開業した商人の居住地で、おもに干鰯の仲買がここに展開したという。一七〇三(元《げん》禄《ろく》十六)年の仲間取決めによれば、仲買は店借《たながり》・家持《いえもち》▲ともに靫の島以外に居住することが原則として禁じられていた。つまり干鰯商売は靫の島という閉じられた空間の内部でのみ行われることが定められていたのである。

このように靫の島には、魚肥の市場であり塩干魚の揚場である永代浜を核として、塩干魚・魚肥兼営の問屋が店を構え塩干魚の市場となる靫三町、さらに仲買が展開する町々という、三重の同心円的空間構造をみいだすことができる。

▼**店借・家持**　他人所有の土地・家屋を借りて居住・営業を行うのが店借、自己所有の土地・家屋で居住・営業するのが家持。土地だけを借りて自己で家屋を建てる地借は、大坂では一般的ではない。

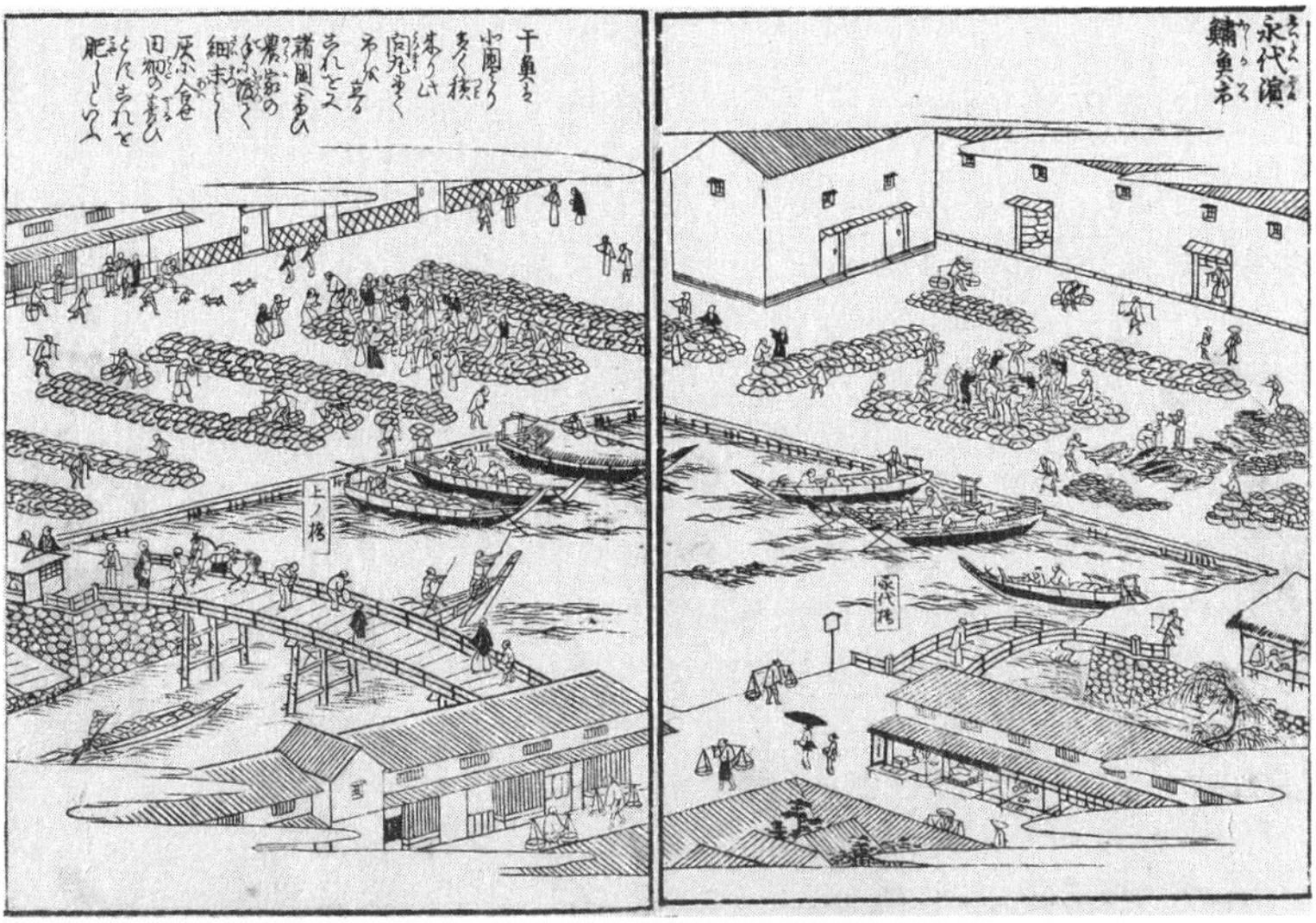

●——永代浜干鰯市(1798〈寛政10〉年刊『摂津名所図会』より)

●——靫永代浜跡　大阪市西区靫本町の楠永《くすなが》神社はかつて永代浜にあった住吉神社の流れをくむといい，境内に永代浜跡の碑が建てられている。

さらに外部に目を転じると、鮮魚の市場である雑喉場《ざこば》が靫の島の西側に隣接しているが、のちに詳しくふれるように雑喉場と靫とは、豊臣期以来の由緒をある程度まで共有する間柄でもあった。すなわち靫の島とその周辺は、魚肥・塩干魚・鮮魚という異種の市場が重層し、それぞれの担い手が空間的に一定の秩序を保ちつつ展開する、特徴的な空間なのであった。

問屋・仲買兼営の動き

大坂靫での魚肥売買の担い手は、干鰯問屋や干鰯仲買ではなくもっぱら干鰯屋と呼ばれる。このこともあって大坂の干鰯屋は、元来問屋と仲買の区別がなく、どの干鰯屋も市場での売り手にも買い手にもなったと説明されることがあるが、これは後述する争論の一方の側の主張によるもので、必ずしも正確ではない。むしろ初期の干鰯屋の業態の基本は仲買行為にあったと考えられる。

たとえば現在、靫干鰯屋仲間の仲間議定《ぎじょう》▲として、一六九八(元禄十一)年以降のものが残されているが、そのなかではつねに永代浜での買い行為を自分たちの業態の基本と位置づけており、一方で条文の表現からは、売り手の問屋が干

▼議定　成文化《せいぶん》された取決め。

鰯屋仲間の外側に存在することも確認できる。これらの問屋は、おそらく塩干魚の問屋をかねていたと思われる。つまり初期の靫干鰯市場は、塩干魚と干鰯をともに扱う問屋と、仲買をおもな業態とする干鰯屋のそれぞれが立ちあって、成立していたのである。

しかし、この十七世紀末頃から、こうしたあり方に変化が生じてくる。一つは干鰯屋が問屋を超えて、直接浜方《はまかた》などから荷を仕入れようとする動きである。これは仲買が問屋を兼営していく動きととらえられる。他方、問屋が「仲買成▲」をして干鰯屋仲間に加入し、永代浜での買いにも参入しようとする動きもみられた。これは問屋が仲買を兼営していく動きである。両者は逆方向ながら、市での売りと買いを一つの経営体が同時に担おうとする点は共通している。

このような動きは、旧来からの問屋・仲買の別を維持しようとする者たちとの対立を深める結果をもたらした。十八世紀には仲間内の対立から、永代浜での市立てが分裂する事件が何度か起こったが、とくに一七一〇(宝永《ほうえい》七)年の事件と三五(享保《きょうほう》二十)年の事件は連動しており、いずれも問屋・仲買の兼営をめぐる対立がその基盤にあった。

▼**仲買成**　ここでは仲間外の者が仲間に出銀などをして仲間に加入する儀式。これが「仲買成」と呼ばれたこと自体、干鰯屋仲間の本質が仲買であったことの反映である。

注目されることは、この事件に江戸干鰯問屋の動きが絡んでいたことである。靭干鰯屋のうち問屋・仲買兼営をめざすグループは、江戸干鰯問屋と連携し、対立するグループに対して関東産魚肥の荷送りを停止させる手段にでた。別経営を維持しようとする側のグループは、東浦賀《ひがしうらが》干鰯問屋に頼ってその場をしのがざるをえなくなったという。

すでにみたようにこの時期は、江戸に干鰯場が設置され、江戸干鰯問屋の経営のもとに仲買が吸収され、東浦賀干鰯問屋を圧倒していくという形で、関東産魚肥流通における江戸干鰯問屋のヘゲモニー▲が確立した時期にあたっている。大坂での動きはこうした江戸の動きとも連動したものであり、十七世紀末・十八世紀初頭における魚肥流通の大きな変動の一環なのであった。

市立ての分裂事件は、このあと寛政《かんせい》年間(一七八九〜一八〇二)にも再燃したが、いずれも肥料国訴《こくそ》▲の影響などもあって和談《わだん》解決に向かい、靭干鰯屋は最終的に、大きく古組(問屋組)と本組(仲買組)に編成された。問屋組や仲買組などという呼称からは、一見すると兼営を否定する方向に進んだようにもみえるが、実際は兼営がまったく排除されたわけでもなく、また問屋が仲買より優位に立った

▼ヘゲモニー　ここでは、確固とした主導的地位のこと。

▼肥料国訴　複数の郡や国にまたがる規模の村々が連合して行う訴願運動である国訴のうち、肥料価格の抑制をおもな内容としたもの。十八世紀半ば以降の畿内《きない》でしばしば組織された。

というわけでもなかった。問屋の強いヘゲモニーのもとに仲買が排除・吸収された江戸の事例と比べると、大坂では多様な業態が維持されながら、全体がゆるやかにつながっていたとみることができる。

東組松前問屋と箱館産物会所

十八世紀後期以降、大坂魚肥市場に次の大きな変化が訪れた。蝦夷地産ニシン魚肥流入の本格化である。蝦夷地《えぞち》産ニシン魚肥は、早くから上方《かみがた》地域にも流入したが、日本海を運ばれたあと敦賀《つるが》(現、福井県敦賀市)で水揚げされ、琵琶《びわ》湖《こ》舟運などをへてもたらされる輸送ルートが主であった(次ページ図)。しかし十八世紀後期の流通構造の転換▲にともない、北前船《きたまえぶね》▲によって大坂に直送される量がふえていった。大坂魚肥市場で扱われる商品の産地は、十八世紀末までは関東や九州などが主だったが、しだいに蝦夷地産魚肥の割合が増加し、幕末・明治期には大部分が蝦夷地産魚肥で占められるようになった。

これにともなって魚肥取引のあり方にも変化が生じた。一八〇五(文化《ぶんか》二)年、靫干鰯屋と「松前《まつまえ》問屋」とのあいだで争論が起き、その解決の過程で取引仕法の

▼**流通構造の転換**　蝦夷地産魚肥生産の中核を担っていた松前や江差《えさし》の近江出身商人が経営を衰退させ、彼らに雇われて敦賀までの魚肥輸送を担っていた各地の船持たちが自立するようになった。これが北前船につながる。

▼**北前船**　十八世紀後期から明治前期にかけて、日本海・瀬戸内海をつなぐ航路で蝦夷地―上方間の商品輸送に従事した廻船《かいせん》の総称。船頭の判断で荷を買いとって積み、他の寄港地で売りさばいて差益をえる、買積経営を経営の中心にすえたことに特徴がある。

●—蝦夷地産魚肥の流入ルート　①十八世紀半ばまで、②十八世紀後期以後。

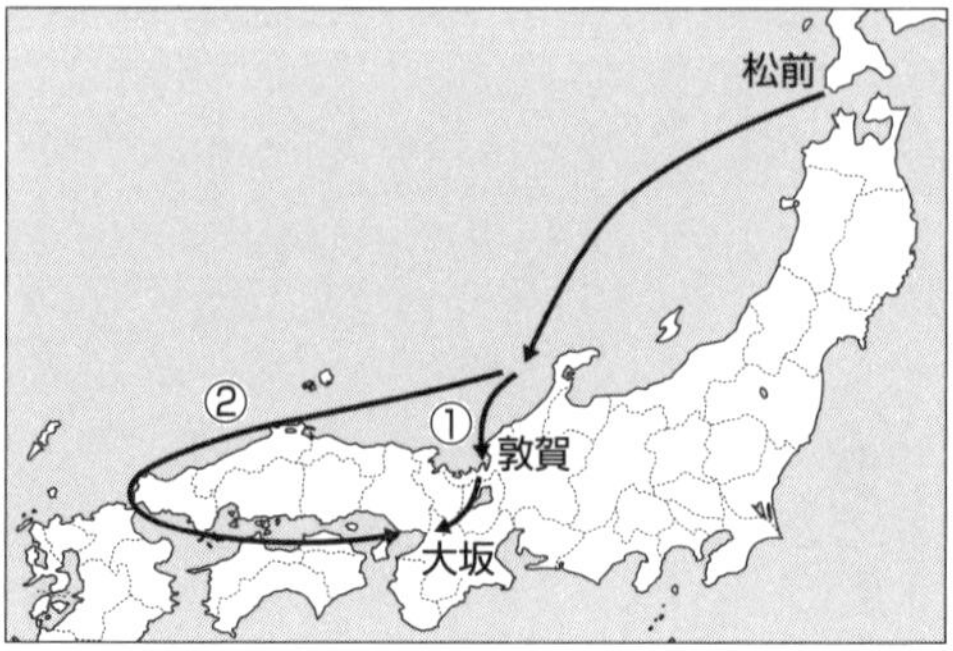

▼算盤売り　詳細は未詳だが、入札と対比されているところからみて、競争売買ではなく、売り手と買い手が一対一で交渉をする相《あい》対《たい》売買であるとみられる。

整備が行われたことが、一つの画期となった。この過程で靫干鰯屋の内部に「松前最寄組《もよりぐみ》」というグループが成立し、他方で「松前問屋」は「東組松前問屋」としてまとまりを形成した。

靫干鰯屋仲間内部には以前から、さきに述べた問屋・仲買兼営をめぐる争論に由来する古組・本組の区分とは別に、おもな取引地域に基づく「関東最寄」「近州最寄」など最寄組と呼ばれるグループが存在していた。つまり異なる編成原理による組分けが重なりあっていたのだが、「松前最寄組」は後者の最寄組の一つとして、あらたに登場したものだった。

一方、東組松前問屋は、三六ページの上図からもうかがえるように、靫の島の外部に展開する、そもそも干鰯屋とは異種の商人であった。彼らは元来蝦夷地や北国各地の産物を扱う問屋であったものが、蝦夷地産ニシン魚肥移入の本格化に際し、これを扱うことで靫干鰯屋との関係が生じ、先述の争論などをへて一つの仲間として立ちあらわれてきたものである。

こうしてあらたに登場した蝦夷地産魚肥の取引は、従来の関東・九州などの干鰯の取引とは様相が異なっていた。蝦夷地産ニシン魚肥は永代浜の市にはか

●蝦夷地産魚肥流入後の売買モデル

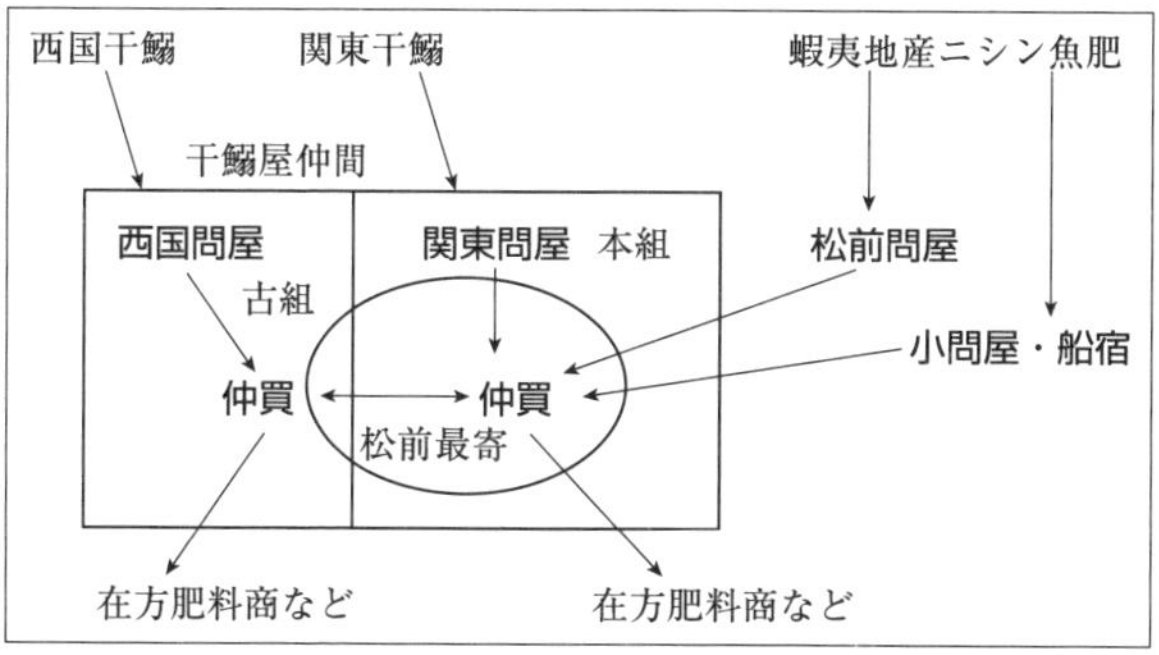

けず、東組松前問屋が木津川沿《きづがわ》いなどにもつ「問屋蔵所《くらしょ》」で算盤《そろばん》売り▲に付すというのが定めであった。あらたな商品、あらたな相手との取引に際し、異質な要素が持ち込まれたといえる。

一方で東組松前問屋は、松前最寄組との関係のなかで地位を確立した結果として、靫干鰯屋仲間に対し従属的な性格をもっていた。仲間入りの儀礼が東組だけでは完結せず、靫干鰯屋に対する披露が必要とされた点などもその一つであるが、より端的に東組松前問屋の従属的性格を示すのが、その流通上の位置付けである。上図でみるように、この時期、蝦夷地産魚肥は、松前問屋以外の小問屋・船宿《ふなやど》も扱っていた。東組松前問屋は靫干鰯屋に対し、これら小問屋・船宿との取引を中止し東組とだけ取引をするようにと再三申し入れたが、干鰯屋仲間側の容れるところとはならなかった。一八三五（天保《てんぽう》六）年になって、手数料の額において東組に有利な条件を適用するという譲歩がなされたが、小問屋・船宿との取引自体は中止されなかった。干鰯屋仲間は複数ルートを確保することに固執し、流通上の主導権を握ろうとしていたのである。

こうした関係を根本的に変えたのが、一八五八（安政《あんせい》五）年の大坂における箱《はこ》館産物会所《はこだてさんぶつかいしょ》の設置であった。幕府の主導で会所がつくられると、東組干鰯屋仲間は「会所附仲買《つき》」と称し、会所のもとに編成されることとなった。そして靱干鰯屋は、会所から会所附仲買を介して蝦夷地産魚肥を買うこととされ、小間屋・船宿のルートは否定された。ここに会所—会所附仲買（松前問屋）—靱干鰯屋という形で流通ルートが一本化したのである。

他方で箱館産物会所の設置にともない、さきにみた蝦夷地産魚肥取引の異質性が弱まる動きもみられた。会所は靱の島のはずれの剣先町《けんさきちょう》に設けられたが、永代浜近辺にも仮会所が建てられ、取引の場が問屋蔵所から引きよせられた。また、それまで蝦夷地産魚肥では行われていなかった入札売りが、行われるようになった。

こうして箱館産物会所の設置は、幕府権力による強力な後押しのもとで、それまで干鰯屋仲間が固執した複線的な取引ルートが否定されて一本化され、また問屋から仲買へという形でその担い手が序列化される、という結果をもたらした。靱は依然として魚肥取引の中心としての位置を保ったが、かつての永代浜と干鰯屋仲間が保持していた求心力は明らかに低下していた。なお、この時

▼**箱館産物会所**　幕府による蝦夷地再直轄に際し、蝦夷地産物の流通統制とそこからの収益確保のために箱館奉行のもとに設けられた機関。一八五七（安政四）年に箱館・江戸、翌五八（同五）年に大坂・兵庫、以下各地に設けられた。

期まで鞁干鰯屋仲間は一貫して、株仲間として幕府から公認された存在ではなかった。このことも産物会所設置に際して、立場が弱くなる要因となったとみられる。

このようにみてくると、十八世紀初頭の干鰯場設置とともに問屋による強固な独占的市場掌握が貫徹された江戸とは異なり、大坂での魚肥市場は、塩干魚と魚肥をともに扱う問屋と魚肥専業の仲買＝干鰯屋という関係から出発しつつ、永代浜での魚肥取引の主導権は、ゆるやかに買い手としての干鰯屋側が握っていたように思われる。一方で、同一経営に問屋と仲買の要素が共存するようになるという点でみると、大坂と江戸とは同じような流れをたどっているようにもみえる。しかし江戸干鰯問屋が仲間全体で旧来の仲買を排除しその機能を包摂することで、強力に市場を支配したのに対し、大坂において進行したのは、個々の経営がそれぞれに兼営をめざしていく流れであった。そして大坂において問屋を頂点とした秩序は、蝦夷地産魚肥の大量移入と幕府による統制を機に、旧来の仲間の外部から、幕末になってはじめてもたらされたのであった。この両者の違いは、市場のあり方のバリエーションについて多くのことを私たちに

●――預かり銀証文にみる近江屋長兵衛の顧客分布

国	郡	証文数
摂津国	西成郡	8
	島下郡	6
	島上郡	5
	東成郡	3
	川辺郡	1
	武庫郡	1
	不　明	1
	計	25
河内国	茨田郡	24
	河内郡	18
	若江郡	15
	高安郡	3
	西成郡	2
	讃良郡	1
	渋川郡	1
	丹北郡	1
	八上郡	1
	不　明	1
	計	67

気づかせてくれる。

干鰯屋の経営

　靫干鰯屋の個々の経営の実態については、従来あまり知られていなかったが、近年いくつかの干鰯屋の経営分析が進み、その具体像がしだいに明らかになってきた。ここではそうした研究成果に学びながら、靫干鰯屋の経営の実態をみていこう。

　近江屋《おうみや》長兵衛《ちょうべえ》▲家は、寛政年間(一七八九〜一八〇一)頃に干鰯屋を開業し、以後古組(問屋組)に所属した干鰯屋の家である。先述した松前最寄組の初発の時期のメンバーに名を連ねており、とくに蝦夷地産ニシン魚肥の取引を中心に経営を発展させたとみられている。

　近江屋長兵衛は古組(問屋組)に所属していたが、問屋・仲買双方の業態を兼営していたとみられる。問屋としての浜方からの仕入の実態は判然としないが、注目されるのは、大坂や松前の北前船主に直接資金を投下していたことである。松前最寄組に属する近江屋長兵衛は、当然、東組松前問屋からも松前産魚肥を買い受けていたが、さきにみた小問屋や船宿のほかに、さらにまた別の仕入ルートを確保していたことになる。東組松前問屋に対する靫干鰯屋の優位は、こうした北前船との直接取引にも支えられていたのである。このほか、岸和田《きしわだ》・尾崎《おざき》などの干鰯商人と連携して、これらの地にもたらされた関東産干鰯を入手したり、延岡藩《のべおかはん》・佐伯藩《さいきはん》など複数の藩の専売品としての魚肥を入手するなど、その商品入手経路は多彩であった。

　こうして仕入れた荷は他の干鰯屋に売りさばかれるほか、在方《ざいかた》の農民や干鰯商人にも販売された。前者の場合、近江屋長兵衛は問屋の立場に立つといえるが、永代浜での市売りのほか、個々の干鰯屋相互による相対売買もなされている。後者については、代銀がとどこおった際の預かり証文類から、その分布が判明する。上にあげた表からわかるように、大坂周辺農村では河内《かわち》・摂津《せっつ》が中心で和泉《いずみ》・大和《やまと》などはほとんどみられない。一方阿波国《あわのくに》の藍《あい》▲の主産地である板《いた》野《の》郡に売り先が厚く分布している。農村への販売に際しては、個々の干鰯屋が経営判断により個性的な地域選択をしていたのである。

　近江屋長兵衛は経営発展の結果、しばしば古組の年番▲をつとめた。年番の職

大和国	葛下郡	2
阿波国	板野郡	19
	名西郡	5
	不明	1
	計	25
町方		71

町方は大坂市中を中心として、兵庫・尼崎・岸和田・大津浦・貝塚などを含む。白川部達夫「大坂干鰯屋近江屋長兵衛と地域市場」をもとに作成。

▼**近江屋長兵衛**　海部堀川町に居住した靫干鰯屋。長兵衛を名乗って二代目の寛政期に干鰯屋を開業したとみられ、その後急成長して有力な干鰯屋の一員となった。

▼**藍**　阿波国の特産物である藍は吉野川《よしのがわ》中・下流域でおもに栽培されたが、多量の施肥が必要とされたため、藍の産地は魚肥など金肥《きんぴ》の大消費地であった。

務に関する史料から、仲間運営にかかわるいくつかの事実も判明するが、とりわけ仲間内の干鰯屋相互の売買に際し、その代銀の授受が当事者のあいだで直接行われるのではなく、あらかじめ各干鰯屋が仲間にあずけた銀を原資とし、有力問屋が振りだす手形を用いて行われていたとみられる点が興味深い。産地への仕入銀だけでなく、仲間内での決済業務も、深く金融システムに組み込まれていたのであった。

近江屋長兵衛家は多くの分家・別家を出したが、その一つに近江屋市兵衛《いちべえ》家▲がある。近江屋市兵衛家については、分家当初の一八二八(文政《ぶんせい》十一)年以降の「買日記」「売日記」などの経営帳簿が断続的に残されており、取引の概要が把握できる。仕入れ先は江戸(東京)干鰯問屋、大坂靱干鰯屋、松前問屋(荷受問屋・産物商社▲)、周辺地域肥料商などに区分できるが、全体として松前問屋の比重が上がり、他方で干鰯屋相互の商いが減っていくこと、干鰯から〆粕《しめかす》、蝦夷地産ニシン魚肥への転換が進むことなどが判明する。販売面では靱干鰯屋仲間、市中や近在の農民や肥料商、尼崎《あまがさき》など湾岸諸都市の肥料商などがその対象としてみられたが、近江屋長兵衛家のような河内・摂津農民への直接販売はみられ

▼**年番**　仲間を代表して運営に携わる者。年行司《ねんぎょうじ》とも呼ばれる。必ずしも毎年交代するわけでなく、有力な干鰯屋が連続してつとめる例もみられた。

▼**近江屋市兵衛**　海部堀川町に居住した靱干鰯屋。文政末年頃、近江屋長兵衛家より分家して干鰯屋を開業。三代目市兵衛(田中市兵衛、一八三八〜一九一〇)は肥料商のほかにも多くの事業に携わり、明治期大阪財界の中心人物となった。

▼**荷受問屋・産物商社**　明治前期、近世の松前問屋仲間にかわるものとして荷受問屋一番組が結成された。また一時期、北海道産物商社も結成され、北海道産物の荷受けを担った。

ず、近郊では肥料商をもっぱらとしたこと、一方、阿波の藍産地では、個々の農民への浸透がみられることなどが明らかにされている。

これらの取引の動向とともに注目されるのは、それが「買日記」「売日記」という形で帳簿に整理して把握されていることである。たとえば江戸干鰯問屋仲間との取引は、近江屋市兵衛が靫干鰯屋として永代浜で問屋機能を担っている側面の現れである。これに対し他の干鰯屋から魚肥を買う行為は、永代浜での仲買機能に基づいている。松前問屋からの仕入れは、靫干鰯屋と東組松前問屋との関係がその基盤にある。こうして、歴史的経緯に即した仲間の観点からはそれぞれ異なる原理に基づく行為が、干鰯屋の経営のなかでは等しく、在庫を確保するための買いという括りで、区別なく把握されるのである。経営の視点と仲間の視点の双方から市場の問題を考えていくことの重要性が、導き出されてくるだろう。

ところで魚肥は、魚の種類や大きさ、油の乗り具合、加工法などによって多彩な品質把握がなされ、そのそれぞれがどの地域のどの作物に向くかなど、細かな好みが分かれる商品であった。これまでみてきたように、多様な取引のあり方が進展し、靫干鰯屋仲間相互間の取引の比重が量的には低下しながらも、靫永代浜が仲間の核であり続けたのは、このことが大きくかかわっているとみられる。つまり、個々の干鰯屋が個性的な取引関係に基づいて集荷した多彩な魚肥を、同じく個性的な関係に基づく特定の嗜好をもつ顧客に売りさばくには、干鰯屋同士で商品を交換しあい、その需給のすりあわせをする必要があった。その場として永代浜と靫の島は機能し続けたのである。こうした市場の機能は「銘柄交換」などとも呼ばれることがあるが、価格形成とあわせて市場の重要な機能であった。江戸の干鰯場もまた同じ機能を果たしていたことはいうまでもない。こうしてみると市場は、個々の経営体がもつ個性的な関係の束をすりあわせていく場なのであるという見方も、また可能であろう。

干鰯屋の周辺

本章の最後に、靫干鰯屋仲間と密接に関係するいくつかの集団について簡単にふれておこう。まずあげられるのは干鰯屋の手代《てだい》たちである。もちろん手代は干鰯屋の奉公人《ほうこうにん》であるから、干鰯屋の周辺というよりは干鰯屋の経営の内部の存在である。しかし靫干鰯屋の手代たちは、しばしば独自の姿をもって干鰯屋仲間の外部に立ちあらわれることがある。その典型的な例が支配行事である。干鰯屋仲間の手代たちは、主人とは別に手代たちによる仲間を組織しており、その代表が手代年行事《ねんぎょうじ》もしくは支配行事と呼ばれた。支配行事について注目されるのは、永代浜の市における不正の摘発など、市先での荷扱いの監視・取締りを固有の役割として担っていたことである。手代たちの集団ということでは江戸の売手中・買手中なども同様のものであるが、江戸においては今のところ市先の監視のような役割は確認できない。固有の役割を付与された干鰯屋手代は、干鰯屋の経営のなかでこれを支えると同時に、その外部から固有の役割を果たすという、両義的な存在として特徴あるものであったということができる。

干鰯の荷扱いに際し荷役を担う仲仕《なかし》▲たちもまた、靫干鰯屋の周辺の存在としては特徴的な様相をみせている。靫の島の仲仕たちは個々の干鰯屋の経営に包摂されないまでも、干鰯屋を「旦那衆《だんなしゅう》」と呼び、そのかぎりではこれに従属する一面をみせたが、一方で「南北永代浜」「六浜」などの地域区分に従い、親仁《おやじ》分と

▼仲仕　船着き場において、船への荷の積みおろしなどの力仕事をおもに担う人びとのこと。

▼合力　ここではおもに祝儀などの金銭的負担を仲仕の仲間が干鰯屋に要求した。

称されるリーダーに率いられて、独自の集団化をとげていた。彼らはこうした集団化に支えられながら、相撲《すもう》や祭礼《さいれい》など民衆的娯楽に際しての合力《ごうりき》▲要請を、しばしば干鰯屋仲間に対して行っている。これは肉体労働者の集団である彼らが、この地域の民衆的世界の実質的担い手であったことの反映であるとみられる。

他方、仲仕はしばしば干鰯屋同様の売買を行ったり、手代のかわりに干鰯屋に雇われたりして処罰の対象となっている。まさにそうした点で干鰯屋の周辺的存在であった。こうして干鰯屋内部から周辺化した手代と、外部から干鰯商売に深くかかわるようになった仲仕とは、ともに不正な魚肥取引の主体として、とりわけ株仲間解散期以降、問題視されていくようになることも、注目される。

干鰯屋が本組・古組の枠組みとは別に、おもな取引先に従って最寄組と称される内部組織を構成していたことはさきにふれた。松前最寄組はその一つであったが、仕入れ先の共通性だけでなく、大坂からの売り先の共通性に基づく最寄組も多く存在した。そうした最寄組はしばしば輸送経路の川船との強固な関係をもち、積合中《つみあいちゅう》などとも称された。こうした積合中は、淀《よど》川や神崎《かんざき》川、大和《やまと》川など特定河川の川船への荷積を独占するだけでなく、川船や船問屋の株を所持進退することもあった。

　なかでも注目されるのは、剣先船《けんさきぶね》▲による大和川舟運と結びついた大和への積合中が、靫干鰯屋のみならず、油粕《あぶらかす》買次問屋▲をも構成員とした大きな集団として構成されるにいたった事実である。これは輸送路と輸送手段の共通性、および肥料であるという商品用途の共通性が、二つの異なる仲間を積合中という枠で結びつけたことを示している。このように干鰯屋仲間は、さまざまな局面で周辺の多様な集団と重なりあいながら、展開していたのである。

▼**剣先船**　大坂市中と大和川筋を結ぶ範囲で運航した川船。

▼**油粕買次問屋**　絞《しぼり》油《あぶら》屋《や》が油を絞った菜種や綿実の絞りかすが油粕。油粕買次問屋は大坂市中でこれらを買い集め、肥料として在方に供給した。

④——重層する市場

大坂靫《うつぼ》の魚肥《ぎょひ》市場が食用の塩干魚《えんかんぎょ》の市場と重層していたことは、すでに述べたとおりである。以下ではさらに、大坂全体の塩干魚の市場や仲間に視野を広げてみていきたい。

安永の株立て

干鰯屋《ほしかや》仲間同様、靫市場で塩干魚を扱っていた問屋《といや》・仲買《なかがい》も、幕府から公認された株仲間《かぶなかま》▲という形で独占的な地位を確立していたわけではなかった。ところが十八世紀半ば以降、大坂において塩干魚や干鰯の株立て出願があいついだ。一七七二(明和《めいわ》九)年正月には、大坂天満《てんま》信保町《しんぽちょう》(現、大阪市北区)の奈良屋《ならや》善兵衛《ぜんべえ》が、塩魚問屋株一〇〇株、仲買株三〇〇株の公認を願い出た。また同年三月には、武州《ぶしゅう》内藤新宿《ないとうしんじゅく》(現、東京都新宿区)の源右衛門《げんえもん》・利兵衛《りへえ》より、塩魚類問屋株七〇株、干鰯問屋株七〇株の出願があった。

これらは、当時の経済発展を背景に、その利潤に吸着しようとして各地でおびただしく出願された株立て願いの一環ではあったが、当時の大坂で塩干魚問

▼**株仲間**　商工業者の独占的な組合組織。多くは営業権を株としてその数を限定したのでこう呼ばれる。幕府などの公認をえたものを表仲間、未公認のものを内仲間と称することもある。

屋がかかえていた問題を、かなり正確に把握し、その解決をうたっていたところにも、一つの特徴があった。それは、大坂市中の旧来の市場とは異なる「脇《わき》浜《はま》」と呼ばれる地域で、船宿《ふなやど》などを営み、魚荷を積んできた漁船や廻船《かいせん》を相手にしていた者たちが、しだいに問屋同様の商売をするようになり、旧来の問屋たちが影響をこうむっている、という問題であった。株立ては、こうした状況を取り締まり、旧来の市場の地位を保障するものであるという。

しかし、内藤新宿の両人はもちろん、大坂の奈良屋善兵衛も含めて、これらの願人は既存の問屋仲間外の者だったから、靭の塩干魚問屋たちはこれにまずは反対をした。しかし、願人たちが指摘した問題は、当然、問屋たちが直面していたものでもあったので、翌一七七三(安永《あんえい》二)年には、問屋たち自身が株立てを出願した。これは紆余曲折をへたのち、一七七四(安永三)年十月に「塩魚干魚鰹節問屋株」一四一株として幕府の公認をえることになった。

五八・五九ページ表と図をみてみよう。このとき公認された一四一株は、七つの組から構成されていた。まず新天満町新靭町海部《かいふ》堀川町組《ぼりがわちょうぐみ》(三町組)三六株は、さきに述べた靭三町の由緒につながる塩干魚問屋のグループである。こ

●──安永株立て時，大坂塩魚問屋(塩魚干魚鰹節問屋)の組構成

名　称(別　名)	居所と人数		計
新天満町新靫町海部堀川町組 (株元三町問屋，三町組)	新天満町	9	36
	新靫町	13	
	海部堀川町	10	
	敷屋町	3	
	岡崎町	1	
内平野町組	内平野町	8	8
海部堀川町敷屋町組 (海部堀川町敷屋町十四軒組，十三軒組)	海部堀川町	8	14
	敷屋町	6	
立売堀長堀道頓堀堀江組 (廿六人組)	立売堀西ノ町	1	26
	長堀白髪町	1	
	長堀清兵衛町	1	
	長堀高橋町	2	
	北堀江五丁目	10	
	南堀江五丁目	3	
	南堀江四丁目	1	
	新難波西ノ町	3	
	幸町四丁目	2	
	不明	2 *	
出口町組	出口町	3	5
	北堀江四丁目	2	
南堀江五丁目組 (南北堀江五丁目組，十四人組)	南堀江五丁目	8	14
	南堀江四丁目	1	
	北堀江五丁目	3	
	新戎町	1	
	長堀新平野町	1	
南北堀江新大黒町組 (南北堀江八人組)	南堀江五丁目	4	8
	北堀江五丁目	3	
	新大黒町	1	
	総計	111	
	ほかに3町持株	30	

＊典拠史料の筆写もれと思われる。

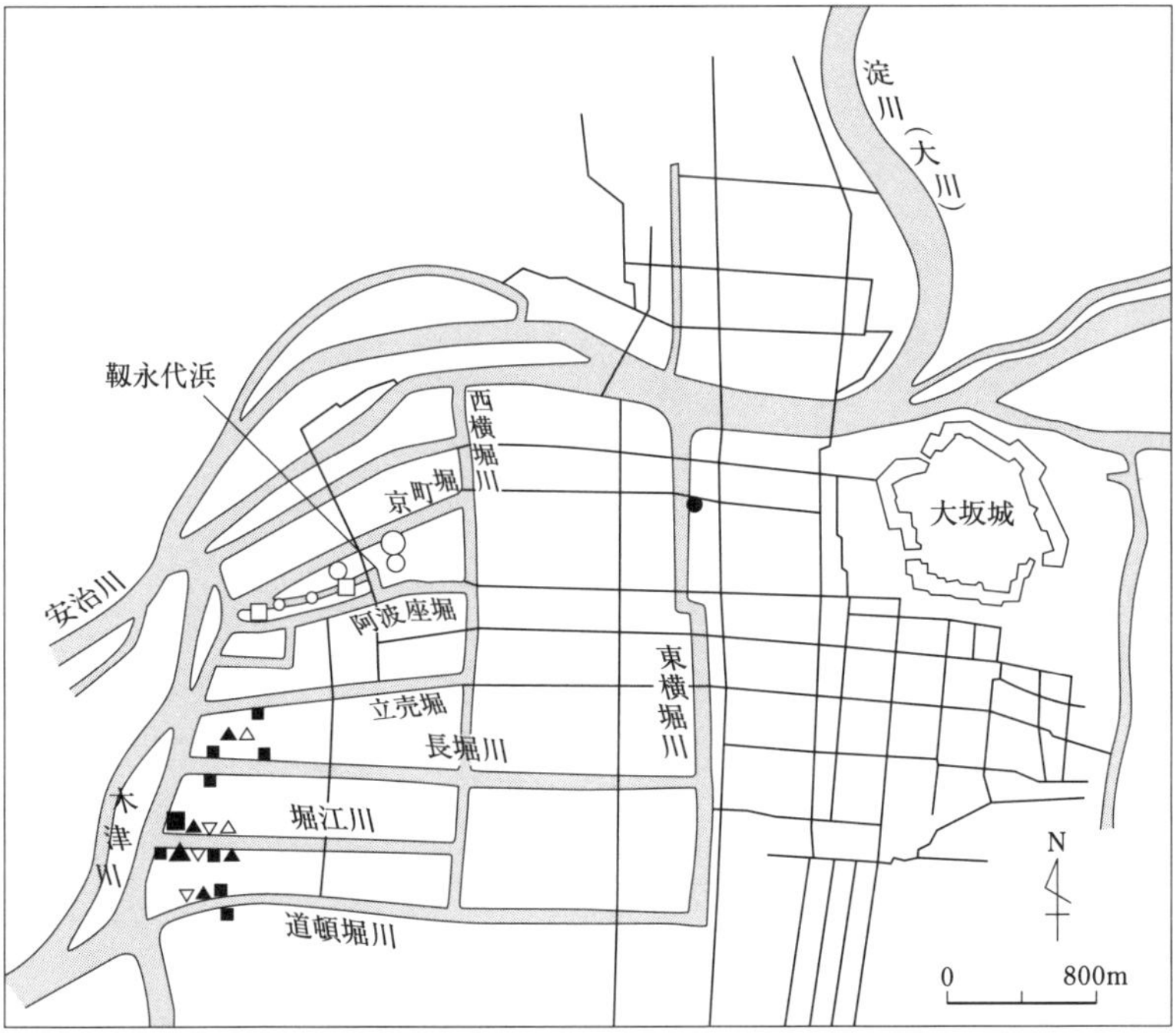

●―安永株立て時，大坂塩魚問屋の居所　記号の大きさは人数による。

凡例：新天満町新靫町海部堀川町組○(1–5)，○(6–10)，○(11–15)。内平野町組●(6–10)。海部堀川町敷屋町組□(6–10)。立売堀長堀道頓堀堀江組■(1–5)，■(6–10)。出口町組△(1–5)。南堀江五丁目組▲(1–5)，▲(6–10)。南北堀江新大黒町組▽(1–5)。

のたびの株立てを主導し、全体の中核となって「株元《かぶもと》」を称した。なお、このグループには「三町持株」三〇株がさらに付属したが、これは三町の休業者が将来営業を再開するときのためのものという理由で、三町組が確保したものである。

海部堀川町敷屋《しきや》町組《まちぐみ》一四株も、三町組同様、靫の島の内部に展開する問屋のグループであるが、のちに詳しくふれるように、彼らは三町組の問屋とは異なる背景をもつ者たちであった。

一方で内平野町《うちひらのまち》組八株と、出口町《でぐちまち》組五株は、ともに小規模ながら、特定の空間に集住する問屋の集団であることと、いずれも靫の島からは離れた地域に拠点があることが特徴的である。これものちに詳しくふれるが、靫市場とは異なる塩干魚の市場が、取り込まれたものとみることができる。

さらに立売堀《いたちぼり》長堀《ながほり》道頓堀《どうとんぼり》堀江《ほりえ》組二六株、南堀江五丁目組一四株、南北堀江新《しん》大黒町《だいこくちょう》組八株は、いずれにも堀江の名が含まれていることからもわかるように、各組構成員の居住地域は重なりあい錯綜している。全体としてみると、堀江地域を中心として、立売堀・長堀・堀江川・道頓堀などの堀川に面して、しかも木津川《きづがわ》よりの西側にかたよった町々に展開していることが特徴的である。

この地域は、さきにふれた「脇浜」にあたるとみられることが注目される。これらの組の者たちの性格についても、のちに詳しくふれる。

ここではまず、安永の株立てにおいて、異なる特徴をもつ複数の問屋がそれぞれ組を構成し、その全体が三町組の問屋を頂点として秩序化された、という事実を確認しておきたい。これらの個性的な問屋の組は、具体的にどのような者たちから構成されていたのだろうか。安永株立てに対するそれぞれの対応を中心に、以下みていくことにしよう。

統制と反発

まず、海部堀川町敷屋町組である。構成人数が変動したので十四軒組とも十三軒組とも呼ばれるが、靭三町のうち海部堀川町と、その西に続く敷屋町に展開するグループである。このグループは、三町組の問屋が主導した株立て出願に際し、問屋・仲買の兼業が認められないのであれば同意はむずかしいとして、当初反発をしていた。また、三町組の問屋が永代浜《えいたいはま》の由緒をもとに特別な地位を主張したことに対し、永代浜は海部堀川町も含む三町で出銀し管理している以上、自分たちもその特権にあずかれるはずだと反発をした。三町組側の説明によれば、この一四軒(一三軒)は、塩魚仲買のうち、近年問屋を兼業するようになった者たちであるという。問屋・仲買兼営という特徴的な業態にこだわったのは、そのような背景を有するからだと考えられる。

つぎに内平野町組八軒が居所とした内平野町(現、大阪市中央区)は、東横堀《ひがしよこぼり》川に面しており、靫からはかなり距離が離れている。内平野町から東横堀川を西に渡る橋が思案橋《しあんばし》であるが、この思案橋の東詰の浜では、塩魚の市が立っていた。すでに一六七九(延宝《えんぽう》七)年刊行の『難波雀《なにわすずめ》』▲には、「思案橋の浜」で「煎物《いりもの》肴類」が売られていたことが記されており、この地での魚類の取引には、古い由緒があったことがわかる。また、大坂における塩魚仲買の組織も、靫三町に内平野町を加えて「四丁町組」と称していたことが、十八世紀半ば頃以降の史料から確認できる。こうしたことからみて、内平野町ないし思案橋東詰の浜は、靫三町とは異なるもう一つの塩干魚市場として、それなりに由緒のある地であったといえるであろう。安永株立てに際し、靫三町の問屋と内平野町の問屋は、外部からの株出願については共同で対抗したが、続く靫三町が主導した株出願

▼**『難波雀』**　一六七九(延宝七)年刊行の大坂の地誌。水雲子《すいうんし》編。大阪市史編纂所編『大阪市史史料第五三輯　難波雀・浪花袖鑑　近世大坂案内』所収。

に際しては、交渉が不調となり、内平野町側が独自の株立てを願い出るという一幕があった。その理由は、三町側が、株立てが実現して以後は問屋・仲買の兼営をやめるように要請したのに対し、内平野町側がこれを拒んだことにあった。このことから、内平野町の市場では、問屋と仲買が兼営をするような、独自の業態がとられていたことがうかがえる。

　出口町組のうち三人の居所出口町（現、大阪市西区）は、近隣の長堀白髪町《しらがまち》（同）などとともに、鰹座《かつおざ》の由緒につながる町であった。鰹座とは、この地の長堀川南岸に土佐藩《とさはん》の蔵屋敷《くらやしき》▲があり、同藩の特産物である鰹節を扱う商人が集住したことから呼ばれた名である。また、北堀江四丁目（同）を居所としている二人の問屋（土佐屋利右衛門《りえもん》・阿波屋喜兵衛《あわやきへえ》）も、一七四八（延享《えんきょう》五）年刊行の『難波丸綱目《なにわまるこうもく》▲』では鰹座が居所となっており、また安永株立てに際しても「居所は他町であるが売買は出口町で行っている」旨を述べていた。すなわちこの組はいずれも、鰹座の由緒に連なる者たちによって構成されていたのである。彼らはその由緒に基づき、鰹節だけについては別株を立てたいと主張して、三町組の問屋が主導した安永の株立てには、当初反対をしていたのであった。

▼**蔵屋敷**　大名などが年貢米や自領の産物の換金のため、大坂などの商品集散地に設けた施設。

▼**『難波丸綱目』**　近世大坂の地誌。志田垣与助《しだがきよすけ》編の一七四八（延享五）年版以後、七度にわたり改定されて出版され続けた。

最後に立売堀長堀道頓堀堀江組二六株、南堀江五丁目組一四株、南北堀江新大黒町組八株であるが、彼らの居所が「脇浜」と呼ばれた地域と重なっていたことはさきにふれた。三町組の問屋たちは安永株立ての願書で、魚荷が到着する浜々で船宿を営む者や、荷船・漁船の船頭・船乗りたちが買い込む商品を扱う商人、上荷船《うわにぶね》・茶船《ちゃぶね》▲への積替えを世話する宿など多様な者たちが、積荷の塩干魚を扱うようになってきており、既存の問屋が困っていると述べながら、こうした商人のうち交渉に応じた者を、あらたに問屋として株仲間に加えていきたい、と述べていた。つまりこの三組の者たちは、この時期問題になっていた「脇浜」の新興問屋たちを、三町組の問屋を頂点とする秩序に組み込んだものなのであった。したがって特定の市場などはなく、散在して魚商売を営んでいたとみられる。そして彼らが三つの組に編成されたのは、三町組との交渉の経緯によるものだった。まず安永株立て出願の当初から、三町組に新興問屋として把握されていた者たちの集団が立売堀長堀道頓堀堀江組(廿六人組)である。彼らは当初組込みに反発したが、最終的には組み込まれていった。他方、残る二つの組は、当初三町組の者からは把握されておらず、訴願の過程で自分たちも

▼**上荷船・茶船**　大坂市中の堀川で商品輸送を担った船。両者の違いは大きさで、上荷船は二〇～三〇石積、茶船は一〇石積であった。

塩魚問屋であるとして名乗り出た者たちであった。このうち早くから三町組に同調した者たちが南堀江五丁目組(十四人組)、遅くまで対立した者たちが南北堀江新大黒町組(八人組)となった。

このように、三町組以外の者たちは、安永株立てに際し、当初は三町組の問屋が主導した株立ての枠組みに、いずれも多かれ少なかれ反発をしていたのであった。それはまず、三町組が上に立って全体を統制することへの反発であった。とくに内平野町組や出口組など、独自の市場と由緒をもつ者たちにとってそれは切実であったし、また靫の由緒を共有する海部堀川町敷屋町組にとっても、同様であったろう。しかしこうした統制は、単なる上下関係にとどまらない問題をはらんでいた。

海部堀川町敷屋町組や内平野町組などで問屋・仲買の兼営が問題となったのは、そうした業態と結びつく独自の取引仕法が、それぞれの組で慣例として定まっていたからにほかならない。三町組の側はこれに対し、株立て以後は問屋・仲買を分離するべきだと迫り、反発を受けた。内平野町組などからは、三町組にも仲買を兼営している問屋がいるではないかという指摘もあったが、三町組側は、そのような者は、以後は別名前とする予定である、とにかく問屋仲間のなかに仲買側の利害を持ち込む者がいては差支えが多い、と主張して譲らなかった。

こうした業態や取引仕法に関する対立はほかにも存在した。三町組側は当初、問屋が仲買と取引する際の「納屋《なや》銭」すなわち問屋口銭《こうせん》のあり方についても全体で統一しようとしたが、強い反発を受け、それぞれの組で仲買と独自に交渉して決めてかまわない、というところまで譲歩をした。しかし納屋銭をとらず正《しょう》銀《ぎん》すなわち正味値段で取引することは厳禁ということにしたい、と強く主張した。委託売買の手数料である口銭の取得は問屋という存在の根幹であり、これを否定することは断じて許されないというのであった。

このようにみてくると、三町組問屋は、大坂市中で塩干魚の仕入に携わるすべての商人を、問屋仲間として純化することを強く志向していたということができるだろう。問屋口銭へのこだわり、仲買兼営への忌避は、そのことをよくあらわしている。安永株立てにおける株元三町組の統制とは、このような方向に取引仕法を統一していこうとする動きなのであった。この三町組問屋の意向

●──雑喉場魚市（一七九八〈寛政十〉年刊『摂津名所図会』より）

は、他組の反発によって一定の譲歩を余儀なくされたが、最終的に三町組問屋を頂点として大坂市中全体の塩干魚取引をカバーする株仲間が誕生したことは、大きな一歩であった。ただしそれはあくまでも、それぞれ独自の背景をもつ個性的な組の存在を前提とした、重層的な秩序であった。

株立ての影響と由緒書

安永の株立てで靭三町の問屋を頂点とした秩序が確立したことは、内外にさまざまな影響をもたらした。ここではそのなかから三つほどの動きをみていきたい。

靭の近隣に位置し鮮魚の市が立つ雑喉場《ざこば》と靭とは、しばしば対立をした。一七八〇（安永九）年から八二（天明《てんめい》二）年にかけての争論は、靭永代浜で生魚が売られている旨を、雑喉場生魚問屋が奉行所に訴え出たことから始まった。雑喉場生魚問屋仲間は、靭の塩魚問屋株立てより少し前の一七七二（安永元）年に、株仲間として認められていた。そのこともあって、争論の結果、永代浜での生魚市は否定され、生魚は雑喉場、塩干魚は靭永代浜と、市場を明確に分ける旨の裁許をえることになった。

しかし争論における双方の主張をよくみてみると、実は事件の発端は靫側の株立て直後の頃、三町問屋から雑喉場に対し、雑喉場での塩魚売買を取りやめてくれれば靫でも生魚売買を取りやめ、双方の区別を明瞭にしたいと申し入れたことにあったことがわかる。これが拒否されたことで、態度を硬化させた靫側は、本格的な生魚市を主催するようになったのであった。それ以前から両者の扱う品の区分はあったものの、若干ずつの混在が存在していた。おそらく靫側は株立てを契機に、塩干魚の集荷独占をはかるべく、雑喉場が扱う荷に混在していた塩魚の排除を目論んだのであろう。その意味では、永代浜生魚市は否定されたものの、裁許によって雑喉場との棲み分けが確立したことで、当初の意図は達成されたといえる。

靫三町問屋の内部でも変化が生じてきた。次ページ表は三町問屋三六株のうち岩田屋七郎兵衛《いわたやしちろうべえ》▲を除く三五軒の塩魚問屋について、干鰯屋との兼業のようすを示したものである。ここからはさまざまなことが指摘できるが、ここでは安永株立て以降兼業がみられなくなる者に比して、株立て以降はじめて兼業がみ

▼**岩田屋七郎兵衛**　鰹座で古くから鰹節問屋を営んでいた問屋だが、出口町組に加わらず、三町組に加わるという特殊な動きをした。

●──三町塩魚問屋の干鰯屋兼業

	名　　　前	1750(寛延３)	1750〜60年代	1776(安永５)	1789(寛政元)
新天満町	今津屋善四郎			○	
	鷲屋与七郎	○		○	○
	今津屋佐兵衛			○	
	今津屋四郎兵衛				○
	北国屋仁兵衛				
	神崎屋源七		○		
	神崎屋源右衛門	○		○	○
	古座屋新之助	○？			
	今津屋彦右衛門	○		○	
新靭町	神崎屋惣兵衛				
	天満屋てる			○	
	葉草屋善次郎・善兵衛	○		○	
	市物弥右衛門				
	亀屋五郎右衛門	○	○	○	○
	油屋清右衛門				
	北国屋作兵衛			○	○
	福島屋惣吉			○	
	南部屋寅吉・清右衛門			○	○
	古座屋次郎右衛門	○		○	○
	小高屋次郎左衛門	○		○	○
	南部屋庄右衛門				
海部堀川町	南部屋三郎兵衛	○		○	○
	生貝屋平左衛門			○	○
	虎屋五郎兵衛		△		
	佃屋五兵衛				○
	生貝屋清右衛門	○			○
	古座屋喜兵衛	○	○		
	和泉屋甚兵衛	○	○		○
	兵庫屋清左衛門	○			○
	虎屋八三郎・喜兵衛	○	○		○
	日向屋記兵衛	○	○		
	北国屋伊兵衛		△		
	今津屋吉左衛門				
	尼屋市兵衛		△		○
	和泉屋源太郎				

△は1762(宝暦12)年の海部堀川町八軒組。

1750〜60年代の欄はこの時期の仲間史料に名前が見えた事例を拾ったもので，仲間連印などではないため，ここに見えないからといって必ずしもこの時期に兼業がないとは限らない。

られる者のほうが多いという傾向に注目したい。重層していた塩干魚と干鰯の市場が、人的構成の面でも一体化しつつあるという見方ができるだろう。

さらに「三町持株」をめぐっても注目すべき動きがあった。この三町持株は先述したように、休業している三町の問屋が営業を再開する時のために保持するものと説明されていた。しかし一七八四(天明四)年段階の三町持株の使われ方をみると、全体の半数ほどが靱三町とはかけ離れた地域の問屋に使用され、しかも彼らは「北国品類問屋《ほっこくひんるい》」と総称されていた。実は、株立て後まもない一七七六(安永五)年頃から、蝦夷地《えぞち》産物などを扱う商人が個々に仲間に加わる事例がみられるようになるが、そのような際に三町持株が利用され、やがて北国品類問屋と呼ばれるまとまりを形成していったのだった。この北国品類問屋はこののち、前章でみた東組松前問屋につながっていく。幕末期に生じた魚肥市場の一大転換の出発点の一つがここにあったということができる。

このようにして安永の株立ては、靱内外にさまざまな変化をもたらした。実はこれまでしばしば言及してきた靱市場の由緒書は、これら一連の動きをへた一七九二(寛政《かんせい》四)年頃に、三町組の有力塩魚問屋である小高屋次郎左衛門《おだかやじろうざえもん》が作成したものであった。これまでみてきたように、そこに描かれる歴史の流れは、おおまかには事実であろうと判断できるが、詳しくみてみると、株立て前後の事情を反映した記述となっているとみられる部分も散見される。

たとえば由緒書では、雑喉場との関係について次のような記述がみられる。まだ魚商人が本靫町《もとうつぼちょう》・本天満町《もとてんまちょう》にいた頃から、生魚は塩魚とともに扱われていたが、混雑するのでのちに備後町《びんごまち》一丁目（現、大阪市中央区）付近の「魚之店《うおのたな》」と称するところに生魚の市が移転した。さらに夏期は魚がいたむので、より海に近い、のちの雑喉場の地に出店をして売買をした。新靫町・新天満町に商人たちが移転したあとも塩魚と生魚はともに扱われていたが、しだいに生魚は雑喉場で扱うことが便宜であることから、靫から雑喉場に手代や親族を別家させて市場が分かれたという。

他方で雑喉場生魚問屋側が伝承する由緒▲は、これとはやや異なる。当初魚商人たちが本靫町などの地にいたという伝承は共通している。その後一六一八（元和《げんな》四）年、魚商人たちは上魚屋町《かみうおやまち》（さきにみた魚之店とほぼ同じ地域）に移転し一七軒の者が会屋《といや》▲と称して魚市場を主催した。さらに慶安《けいあん》・承応《じょうおう》年間（一六四八〜

▼**雑喉場生魚問屋の由緒**　一九〇一（明治三十四）年作成の『雑喉場魚市場沿革史』による。

▼**会屋**　雑喉場生魚問屋の由緒記述に登場する業態の名。のちの魚問屋同様のものであるとして「といや」と読み慣わしている。

五五)頃から、のちの雑喉場の地に夏期の出店を設けるようになり、のちに本店も移転したという。つまり雑喉場は当初夏期に限定された出張売買の地であったということは共通しているが、その出店に対する本店が靫にあったか上魚屋町(魚之店)にあったかという点で主張が異なっている。

靫側の主張には備後町の位置付けに無理があるなど、やや不自然なところがある。他の傍証から考えても、おそらく塩魚と生魚は、豊臣《とよとみ》期など初期には本靫町の地でともに扱われていたが、元和年間(一六一五〜二四)というかなり早い段階で、生魚は上魚屋町、塩魚は新靫町・新天満町に移転するという形で、ある程度の市場の分離がすでになされていたというのが、歴史上の事実なのではないかと考えられる。そうしてみると靫側の由緒書の記述は、安永・天明の靫と雑喉場との争論などに際し、靫に有利となるように主張した内容が取り込まれたものだとみることができるだろう。

こうした点は他の部分でも指摘できる。由緒書では、靫三町といいながら、海部堀川町が他の二町とは異なる特徴をもつ町であったことを随所で強調する。さきに述べたように、同町は魚商人が移転集住した他の二町と異なり、当初は材木商人が集まる町であったが、海部堀が永代浜への通路にあたることから、しだいに魚商人がふえていったのだとする。こうして「塩魚根元」の新靫町・新天満町の問屋仲買と異なる海部堀川町の問屋は、「浜問屋《はまどんや》」とも呼ばれたというのである。

これはもちろん一定の事実に基づくのであろうが、安永株立てに際し、海部堀川町敷屋町組と三町組が対立した経緯が反映しているといわざるをえない。おそらく永代浜への経路にあたる海部堀川町は、不断に新規の魚商人が登場する地であり、そうした意味では堀江などの「脇浜」と共通した性格をもっていた。そのうち早い段階で問屋営業にシフトしたものは、三町組に組み込まれていった。その後仲買などのなかからあらたに問屋を兼営するにいたった者は、三町組とは異なる業態を基盤として別のまとまりを構成した。これが海部堀川町敷屋町組の者たちだったのであろう。

このように小高屋の由緒書は、株立て前後のさまざまな経緯を反映して構成されたものだった。したがって、靫を頂点とした整然とした秩序とみえるその内部に、重層する多様な市場、個性的な売買の場が垣間みえるのであった。そのなかでなお小高屋は、雑喉場の市では素人を含む誰でもが直接問屋から商品を買えるのに対して、靫では問屋・仲買の別がしっかりしており、問屋→仲買→他所商人・素人という序列・秩序がきちんとしていると誇っていることも印象的である。こうした序列・秩序こそ安永株立てがめざしたものであったことは、さきに述べたとおりである。

大坂と江戸の魚類市場群

以上みてきたように、成立の由緒を共有する靫と雑喉場とは、おもに塩干魚を扱う市場と鮮魚を扱う市場という形で分離し、隣接した地域に立地して、たがいに対立もしながら併存してきた。他方で靫とは成立の経緯を異にする大坂市中の複数の魚市場が、塩干魚問屋の株立てを契機に序列化されていった。干鰯市場は当初から食用の塩干魚の市場と重なりあっていた。やがて蝦夷地産《えぞちさん》魚肥をめぐって東組松前問屋がもう一つの要素として姿をあらわし、しだいにその存在感を増していく。こうして大坂市中の一群の魚類市場は、複雑に重層しながら展開することになった。

　このような複雑な重層のようすは、江戸《えど》においても同様に確認できる。吉田伸之氏の整理によれば、江戸の食用の魚問屋仲間は、鮮魚と塩干魚をともに扱う日本橋《にほんばし》の四組、鮮魚のみを扱う新肴場《しんさかなば》の一組と芝雑魚場《しばざこば》の二組、塩干魚のみを扱う四日市《よっかいち》の二組の、計九組から構成され、これは江戸成立当初から存在した日本橋の本小田原町《ほんおだわらちょう》組・本船町《ほんふなちょう》組の二組を母体とし、しだいに分立して形成されたと推測されている。そしてこれらの仲間による市場は、芝雑魚場を別にすれば、日本橋川の南北に日本橋市場と四日市市場が向かいあい、その南に新肴場が連なるという形で、隣接した地域に展開していた(次ページ下図)。

　この九組に干鰯問屋両組をあわせると、江戸の主要な海産魚類問屋は網羅される。干鰯問屋はさきにみたように、成立当初は南茅場町《みなみかやばちょう》や北新堀町《きたしんぼりちょう》、そして小網町《こあみちょう》(現、東京都中央区)などに店を構えていた。この地域は食用の魚市場が展開する日本橋・四日市に隣接しているが、十八世紀初頭に深川《ふかがわ》地域に干鰯場が創設される以前は、干鰯の市場としても機能していた地である。

　ただし隣接してはいるが重なりあうわけではなく、人的構成も一部に兼業がみられる程度であるから、大坂の干鰯屋のあり方とはかなり異なっているとい

●──江戸の魚類市場と組

	市　　場	組	対　象
食用魚	日本橋	本小田原町組 本船町組 本船町横店組 安針町組	鮮魚・塩干魚 鮮魚・塩干魚 鮮魚・塩干魚 鮮魚・塩干魚
	新肴場	新肴場	鮮魚
	芝雑魚場	芝金杉町組 本芝町組	鮮魚 鮮魚
	四日市	四日市組 小舟町組	塩干魚 塩干魚
魚肥	銚子場・江川場 永代場・元場	銚子場組 永代場組	魚肥 魚肥

吉田伸之『成熟する江戸』掲載表をもとに加筆して作成。

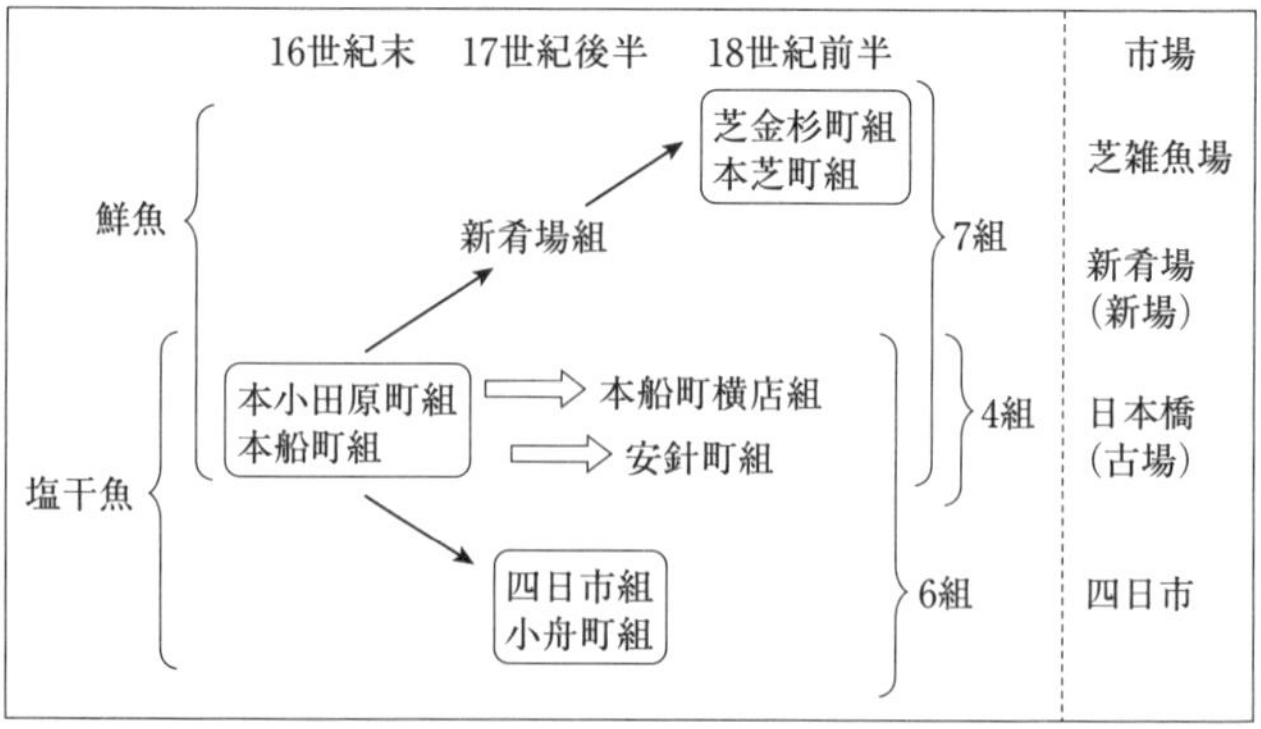

●──江戸魚問屋仲間の系譜(吉田伸之『成熟する江戸』より)

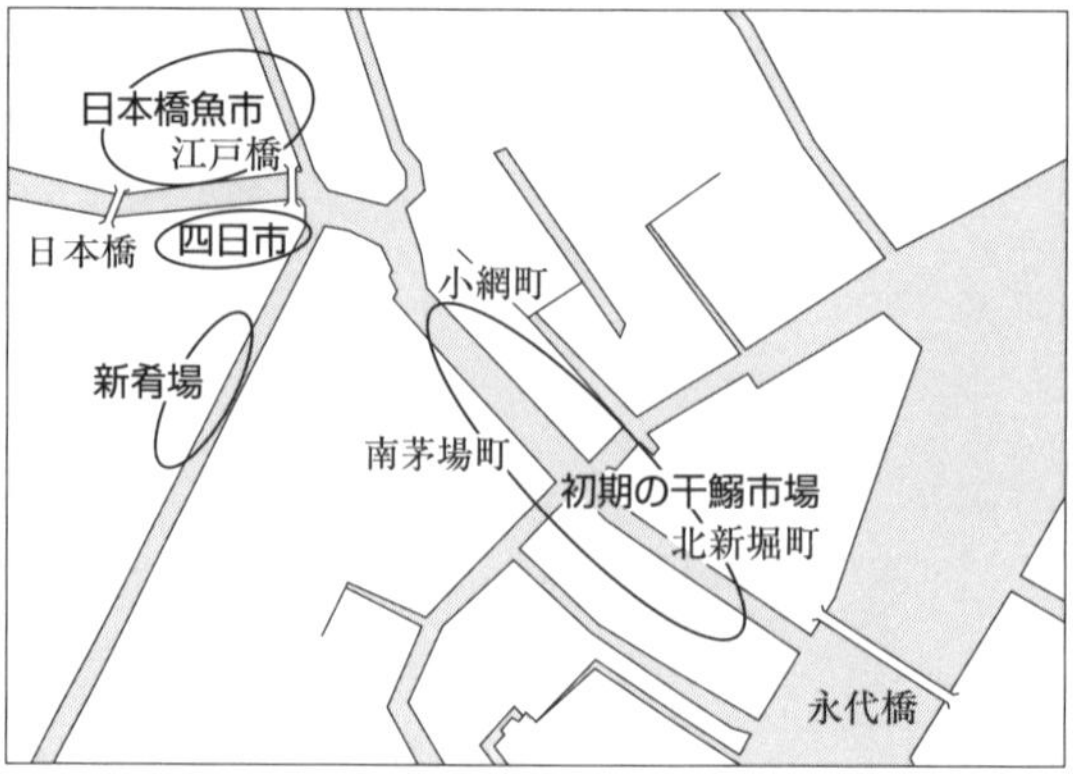

●──江戸の魚類市場の位置関係

えよう。もちろんこれは、それぞれの成立経緯が関係しているとみられる。当初から魚肥使用が展開していた上方《かみがた》地域における集散地として成立した大坂の魚市場では、食用の塩干魚と魚肥の産地・消費地が多く重なった。一方で十七世紀前期の江戸においては、市中や近在の需要を見込める食用塩干魚に対して、魚肥は上方への積み送りを前提として取引されるものであった。この差異が大坂靫における塩干魚と魚肥の市場の重なりと、江戸における食用魚問屋群九組と干鰯問屋との隔たりという、顕著な違いをもたらしたのである。

江戸・大坂などの巨大都市では、しばしば同種の商品の市場がこのように複雑に重層する様相がみられた。それはさまざまな歴史的経緯、産地や消費地との関係のあり方、あらたな流通ルートを開拓し既存の秩序をきらって「脇」での商売を繰り広げる新興商人たち、これを包摂しようとする旧来の仲間や権力の動向などがそれぞれ絡まりあいながら、個性的な姿をつくりあげた結果であり、その都市をめぐる商品流通の固有の歴史の反映なのであった。

⑤——流通の変動と市場

房総産魚肥の流通

本書第①章でみたように、房総《ぼうそう》半島は日本有数の魚肥《ぎょひ》産地の一つであったが、江戸《えど》・東浦賀《ひがしうらが》の干鰯《ほしか》市場が確立したことで、房総産魚肥はその大部分が江戸湾内にいちど集約され、そこから全国に流通するようになった。

たとえば九十九里産《くじゅうくりさん》魚肥の場合、江戸湾への集約には大きく分けて三つのルートが使われていた（次ページ上図）。一つは産地から直接船積みし房総半島をまわって江戸湾に入るルートで、外廻しと呼ばれていた。遠浅の九十九里には、夷隅《いすみ》郡の興津《おきつ》（現、千葉県勝浦《かつうら》市）などに停泊した船が日和《ひより》を選んで北上し、沖懸り▲して荷を積んだ。九十九里より南側の、東上総《ひがしかずさ》夷隅郡地域から安房《あわ》、西上総地域などの船持ちがこの外廻し輸送に携わった。九十九里産以外の、この東上総夷隅郡地域や安房などで生産される魚肥もまた、おもに外廻しで輸送された。一方、九十九里北部地域の産物を中心に、利根川《とねがわ》下流部の河岸《かし》まで陸送され、その後利根川・江戸川舟運を利用するルートが存在し、これは内川《うちかわ》廻し

▼**沖懸り**　船を接岸させず、沖に停泊すること。小船を使って荷役を行った。

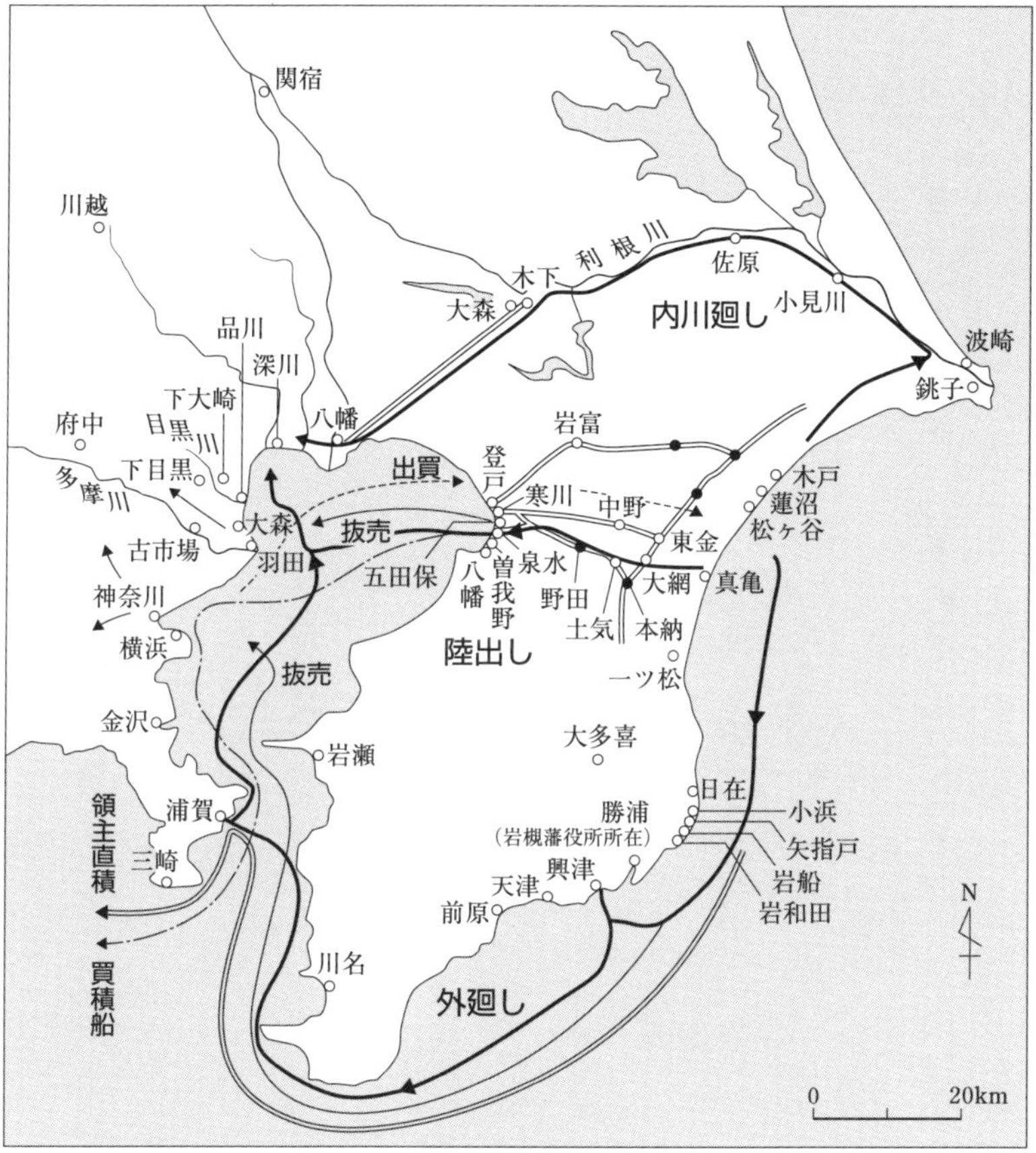

●──**房総産魚肥の流通ルート**　太線は通常の３ルート，細線・破線・二重線は抜荷など。

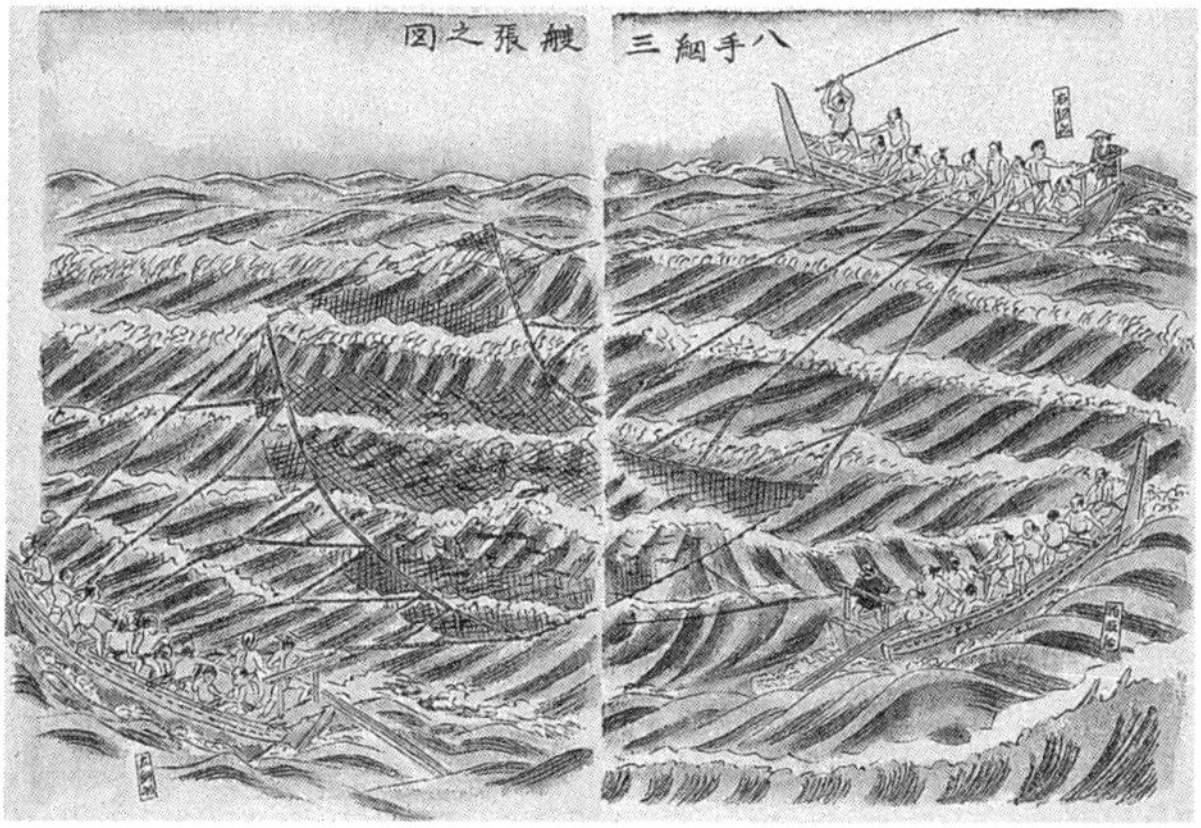

●──**八手網三艘張の図**（『房総水産図誌』より）

と呼ばれた。この内川廻しルートの特徴は、江戸問屋《とんや》送りのほかに、利根川沿いの河岸の商人たちから北関東などに売りさばかれる経路が確立していることで、このためこのルートにかかるすべての荷が江戸送りとなるわけではないことを、江戸問屋も認めざるをえなかった。

最後にとくに九十九里浜中央部を中心として、房総半島を陸送で横断し、千葉郡～市原《いちはら》郡（現、千葉県千葉市～市原市）の沿岸で江戸湾内を航行する船に積み込むルートが存在し、これは陸出《おかだ》しと呼ばれた。この陸送部分については、往《おう》還《かん》▲筋の村々の百姓《ひゃくしょう》が駄賃《だちん》稼ぎでこれを担ったが、往還上の継場村《つぎばむら》▲や江戸湾岸の河岸▲には「荷宿《にやど》▲」と称する者がいて、荷の積替えの世話や、馬士たちへの駄賃支払い業務などを、荷主との契約に基づいて営んでいた。こうして房総半島では大量の魚肥が生産されたばかりではなく、内陸の者も含めてさまざまな人びとがその輸送に携わり、魚肥の流通を支えていたのである。

物流掌握のネットワーク

房総地域における魚肥生産はおよそ二つの方法で行われていた。一つは八手《はちだ》

▼**往還**　実質的に街道だが、この地域ではいずれも幕府道中奉行管轄下の街道とは異なる脇往還であるため、こう呼ばれる。

▼**継場村**　脇往還における宿駅のこと。

▼**江戸湾岸の河岸**　江戸内湾を航行する船は江戸市中の川にも入り込むため、幕府の川舟役所の管轄下にあった。このこともあって、内湾に面した海の港が河岸と呼ばれる場合があった。

▼**荷宿**　継場村の荷宿は中継宿、河岸の荷宿は運送宿とも呼ばれた。

▼**岡集落**　九十九里地域では海岸に並行して集落が数列に並んでおり、海岸側のものを納屋《なや》集落、内陸側のものを岡集落と称する。

●地引網の図（『房総水産図誌』より）

網《あみ》漁で、二艘から四艘の船のあいだに張った網で魚群をすくいとる漁法である（七九ページ下図）。沖で操業するので沿岸の地形に左右されず、各地で用いられたが、とくに江戸干鰯問屋から「本場《ほんば》」と呼ばれた東上総夷隅郡地域（現、千葉県いすみ市～勝浦市）はその中心地であった。もう一つは大地引網《じびきあみ》で、網を積んだ二艘の船で沖にこぎだし、魚群を網で取り巻いて浜に戻り、大勢でこの網を引き上げる漁法である（上図）。遠浅の浜があることが条件で、とくに九十九里浜で展開した。八手網も地引網も、大勢の水主《かこ》（船乗り）を必要としたから、網主は前貸し金融などでこの水主を確保した。地引網の引き手である岡者《おかもの》は水主の家族や岡集落▲の百姓が主であった。さらに漁獲したイワシは、網主の手で干鰯や〆粕《しめかす》に加工されるほか、「小買《こがい》」や「浜商人《はまあきんど》」、「網附《あみつき》商人」などと呼ばれる加工業者に売り渡され、彼らの手で加工出荷されることもしばしばであった。このように生産の局面もまた、多様な人びとの手に担われていたのである。

一八一九（文政《ぶんせい》二）年、九十九里浜粟生《あお》村（現、千葉県九十九里町）の浜商人たちが、網主の飯高《いいたか》俊《しゅん》次郎《じろう》にあてて、次のような内容の一札を提出した。

（第一条）飯高家の網から売り渡されたイワシの代金は、私たちが加工した〆粕を残らず相模国《さがみのくに》東浦賀の飯塚吉太郎《いいづかきちたろう》に送り、その仕切代金で決済すること、その他を承知しました。このうえは〆粕を勝手に売りさばいた者は連判から除名し、以後、飯高家の網のイワシは一切売ってもらえないこととします。

（第三条）荷物の津出し▲については、下総国《しもうさ》曽我野《そがの》（現、千葉市中央区）の七郎兵衛《しちろうべえ》方へ世話人の送り状で差しだし、勝手な運送宿へ差しだすことはいたしません。

浜商人は元来網主に従属的な立場であったと考えられているが、この頃には生産した魚肥の販売を通じて自立傾向を強めていた。この一札は、網主の飯高家が、これをふたたび従属下に掌握しようとしたことを示しているが、ここで注目されるのは、送り先の問屋と運送宿（荷宿）を指定していることである。

東浦賀の飯塚吉太郎とは、実はこの直前に飯高捴兵衛《そうべえ》（俊次郎の父）の弟が東浦賀干鰯問屋尾張屋《おわりや》の株を買得して開業した、新興の干鰯問屋であり、網主飯高家の分家であった。また曽我野村の七郎兵衛とは、同村の有力運送宿小河原《おがわら》七郎兵衛のことで、次ページ図にみるように飯高家とは数代にわたって婚姻を

▼**津出し**　船積み場所までの陸送のこと。ここでは前述した陸出しルートにそって、江戸湾岸の河岸まで陸送することをさしている。

●飯高家・小河原家略系図

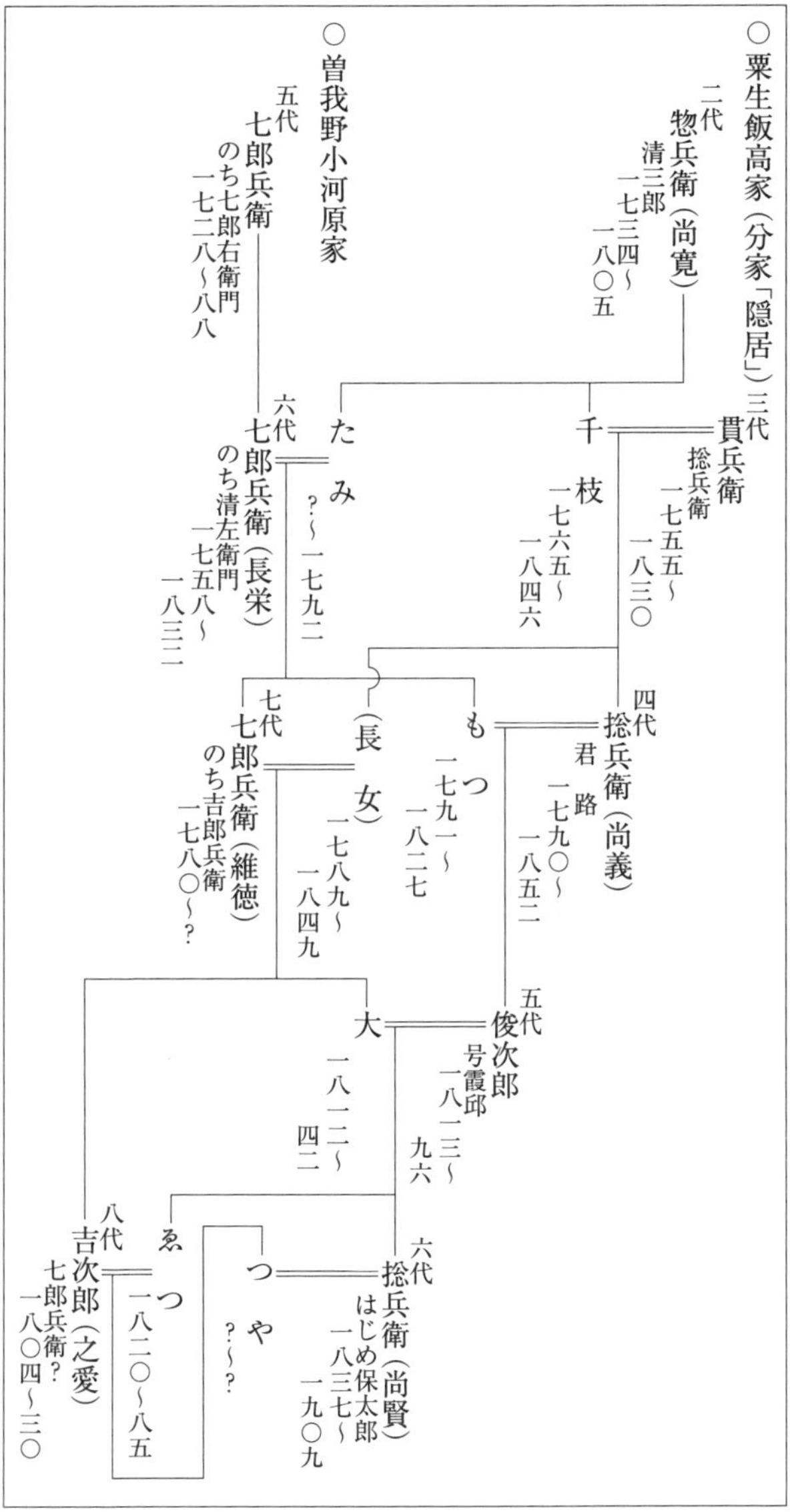

○粟生飯高家（分家「隠居」）
二代
惣兵衛（尚寛）
清三郎
一七三四〜一八〇五
三代
貫兵衛
捴兵衛
一七五五〜一八三〇
千枝
一七六五〜一八四六
○曽我野小河原家
五代
七郎兵衛
のち七郎右衛門
一七二八〜八八
たみ
?〜一七九二
六代
七郎兵衛（長栄）
のち清左衛門
一七五八〜一八三二
四代
捴兵衛（尚義）
君路
一七九〇〜一八五二
もつ
一七九一〜一八二七
（長女）
一七八九〜一八四九
七代
七郎兵衛（維徳）
のち吉郎兵衛
一七八〇〜?
五代
俊次郎
号霞邱
一八一三〜九六
大
一八一二〜四二
六代
捴兵衛（尚賢）
はじめ保太郎
一八三七〜一九〇九
つや
?〜?
ゑつ
一八二〇〜八五
八代
吉次郎（之愛）
七郎兵衛?
一八〇四〜三〇

繰り返す、密接な姻戚関係にあった。飯高家の流通掌握は、こうした者たちの連携によって行われたのである。

一度に大量の荷を送る外廻しに対し、少量の荷を少しずつ送る陸出しは、浜商人たちにとって都合のよい方法であった。陸出しルートは自立しつつある浜商人の経営を支えていたといえる。飯高家が流通掌握をはかるにあたり、特定問屋への一手送りだけでなく特定運送宿への一手送りをも指示したのは、こうした関係を念頭においてのことであった。

このあとしばらくして東浦賀飯塚屋は経営危機に陥り、一八四五(弘化《こうか》二)年より再建仕法が実施される。この再建仕法に携わった人びとをまとめた次ページ図から判明することは、生産・流通・運輸それぞれの局面でこれを担う網主・荷宿・問屋たちの連携であること、さらに彼らが姻戚や本家・分家関係などで濃密な人的結び付きをもっていたことである。浜商人に代表されるような、魚肥の生産・流通に携わる多様な主体が成長をとげていくなかで、流通を掌握するためには、こうした多元的なネットワークによるきめ細かな対応が不可欠になってきていることを、如実に示しているといえるだろう。

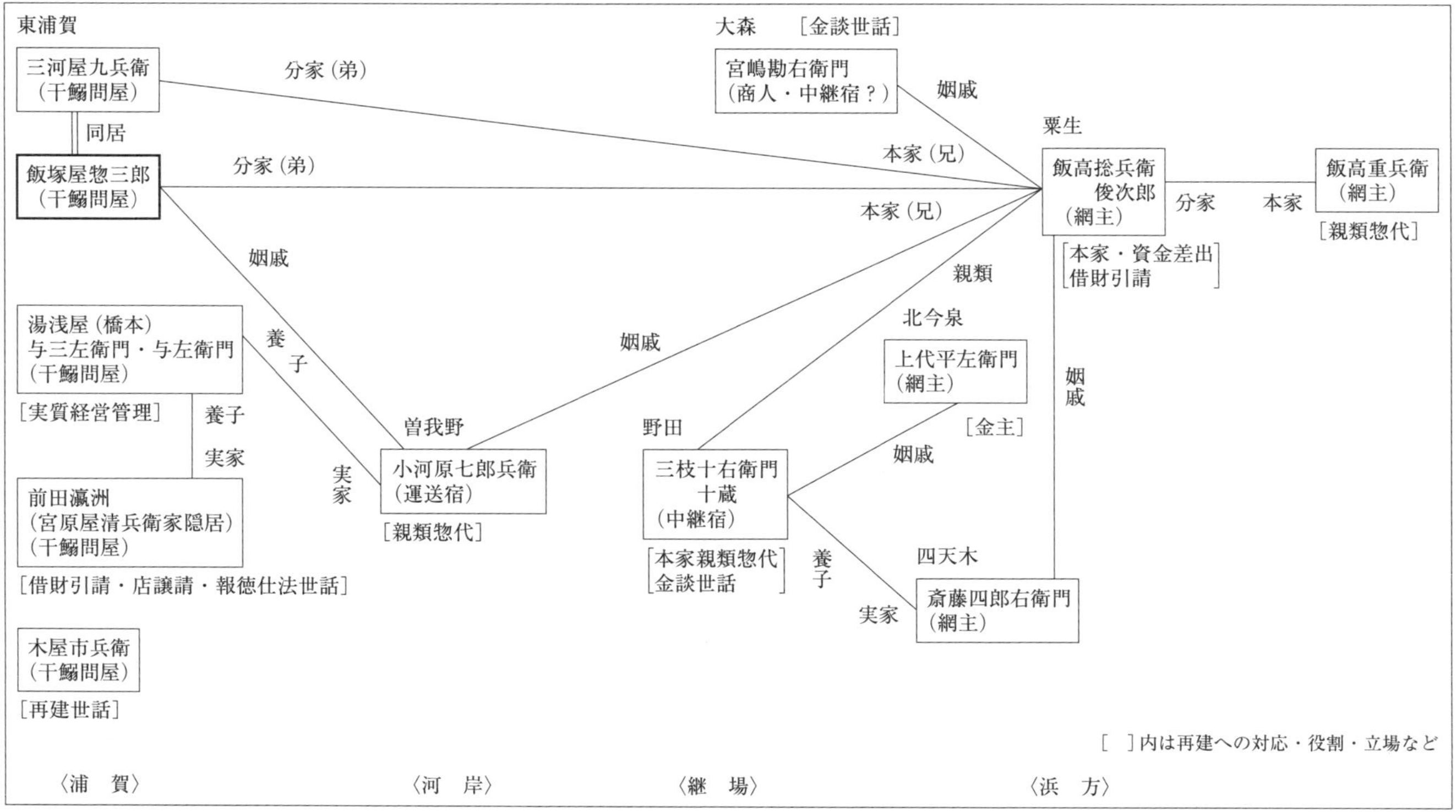

●──東浦賀飯塚屋再建をめぐるネットワーク

魚肥流通の多様化

こうした浜商人の自立傾向が旧来の問屋商人による流通掌握を妨げていたことは、別の面からも確認できる。幕末期の江戸干鰯問屋喜多村富之助《きたむらとみのすけ》の記録では、「九十九里では網方《あみかた》(網主)に仕入をしても干鰯にして江戸へ送ることはまれで、大部分は網方が生イワシのまま粕焚《かすたき》商人(浜商人)に売り払うので、網方に仕入をしても荷物のあてにはしにくい」と述べ、九十九里は「とかく人気(人情・風俗)の悪い所」「腹ばかり立つ所」とまで評されている。問屋の立場からすれば、産地への資金投下が集荷に結びつかなくなるという点で、浜商人の自立傾向は厄介なものなのであった。

さらに問屋の集荷を妨げた存在はほかにもあった。一八三四(天保《てんぽう》五)年三月、九十九里産の干鰯・〆粕を積んだ千葉郡五田保《ごたっぽ》と泉水《せんずい》(ともに現、千葉市中央区)の船が、武蔵国羽田《むさしのくにはねだ》(現、東京都大田《おおた》区)で漁船に荷を積みかえようとしたところをみとがめられ、荷を差し押さえられた。両船の荷には武蔵国古市場《ふるいちば》村(現、東京都大田区)の者にあてた送り状が付されていた。江戸干鰯問屋による吟味に際して、武蔵国府中《ふちゅう》(現、東京都府中市)と上総国岩瀬《いわせ》村(現、千葉県富津《ふっつ》市)の商人がこの荷の荷主であると申し出たが、荷は江戸干鰯問屋の手で市《いち》にかけられることとなった。また翌年三月には、江戸行きの干鰯・〆粕を積んだ上総国小《こ》浜《ばま》村(現、千葉県いすみ市)などの船が、武蔵国神奈川(現、横浜市神奈川区)沖で荷の抜取りをしているとして摘発された。これには神奈川の船宿《ふなやど》が関与しているとして、船宿と船頭の双方から詫び状が提出された。この頃以降、こうした「抜け荷」事件の記録が、江戸干鰯問屋の関係史料に多くみられるようになる。これらの事件は、従来からの魚肥輸送ルートを担っていた房総各地の船が、対岸の羽田や神奈川、さらには多摩川《たまがわ》流域などの漁師・商人・船宿と連携して行ったものである点が注目される(七九ページ上図)。その背景には関東農村での魚肥利用の展開があったと推測されるが、それが江戸問屋を経由しない流通をうながしていたのである。

こうした抜け荷に対して江戸干鰯問屋仲間は、会所《かいしょ》の者などを現地に派遣して摘発につとめ、また摘発した荷については市にかけることで処理をした。つまり干鰯場＝市場を核とした旧来の秩序を維持しようとしたのである。

流通経路の多様化は、領主権力によってももたらされた。次ページ表からわ

●──領主層による魚肥直送

年　代	領 主 名	産 地 な ど	行　先	備考
1793(寛政５)	岩槻藩大岡氏	上総安房領分干鰯	岩槻領	×
1799(　11)	大多喜藩松平氏	上総領分干鰯〆粕	三州領分	△
1805(文化２)	幕府代官竹垣三右衛門	上総長柄郡一ツ松浦干鰯	野州真岡荒地開発場所	
1820(文政３)	西端藩本多氏	九十九里領分産物	三州西端	△
1825(　８)	一橋家徳川氏	九十九里産干鰯	泉州領知村々	
1827(　10)	紀州藩徳川氏	九十九里産物	紀州田辺	△
1830(天保元)	大多喜藩松平氏	手網荷物	上方領分	△
1831(　２)	尾張藩徳川氏	九十九里産干鰯〆粕	国元領分	△
1831(　２)	紀州藩徳川氏	安房上総干鰯	国元領分	×
1831(　２)	旗本水野氏	九十九里領分産物か	大坂表	△
1831(　２)	旗本筑紫氏	九十九里領分産物	大坂表	△
1832(　３)	旗本牧野氏	上総干鰯	知行所武州足立郡村々	×
1832(　３)	紀州藩徳川氏	常州・奥州・上総九十九里産干鰯〆粕	紀州・伊勢領分	△
1832(　３)	紀州藩徳川氏	上総武射郡松ヶ谷村干鰯	紀州・伊勢領分	×？
1833(　４)	紀州藩徳川氏	上総剃金村干鰯	紀州・伊勢領分	△
1833(　４)	紀州藩徳川氏	上総南今泉村干鰯〆粕	国元領分か	

×＝問屋訴願により阻止。
△＝東浦賀積替えにより実施。

かるように、領主権力が関与して問屋を介さずに魚肥を送りだそうとする動きは、十八世紀末から始まり、天保年間(一八三〇〜四四)にかけて顕著になっていった。まずみられるのは一七九三(寛政《かんせい》五)年の岩槻藩《いわつきはん》の事例のように、房総の海付領分で生産された魚肥を内陸の領分に問屋をへずに直送しようとする動きである。他方、天保期以降になると、紀州藩《きしゅうはん》・尾張藩といった徳川《とくがわ》一門の大藩を中心として、自領ではない浜方《はまかた》で生産された魚肥を直送する仕法の実施がめだってくる。これらの仕法は、たとえば十八世紀後半の不漁期に一度潰れた網株に資金を投下し、これを名目網・御手網などと称して復興するという形で実施されることが多かった。

　こうした領主層による直送の試みは、干鰯問屋の訴願により阻止しえたものも多かったが、実現にいたるものもあった。なかでも注目されるのは、これら直送の実施にあたって、東浦賀の存在がクローズアップされてきたことである。たとえば一七九九(寛政十一)年の大多喜《おおたき》藩による三河《みかわ》国飛地領送りの例では、江戸問屋側は反対訴願により阻止したと思っていたが、実は東浦賀干鰯問屋が積替えを担うことで実現していた。江戸問屋におされて一時衰退していた東浦賀干鰯問屋の地位は、複線化・多様化する流通とつながることで、十九世紀以降ふたたび浮上してくる。さきにみた粟生村の網主飯高家が、江戸ではなく東浦賀干鰯問屋の株を取得して流通の掌握を試みたのは、このような流れを意識してのことだったのであろう。

市場の掌握

問屋名目を廃し、素人直売買を容認する一八四一(天保十二)年の株仲間《かぶなかま》解散▲は、こうした傾向をさらに加速させた。一八五三(嘉永《かえい》六)年に東浦賀干鰯問屋が幕府に対して提出した願書のなかでは、そのようすが以下のように述べられている。従来は一部の荷を除き大部分を江戸・東浦賀の干鰯問屋が掌握できていたが、株仲間解散以後、九十九里近在や陸出しルートにかかわる内湾沿岸村々の商人が、盛んに産地へ出かけて荷を買いとり、前貸し金融まで行っている。また、神奈川や稲毛《いなげ》領(現、神奈川県川崎市)の近在にも出買いをする者がいる。品川沖に停泊する上方《かみがた》の買積船▲に海上で直売りする者や、その世話をする者も出現している。買積船のなかには千葉郡の沿岸まで出かけて荷を買い入れ、

▼**株仲間解散**　株仲間による流通の独占が物価の高騰を招いているとして、天保改革の一環として行われた。物価抑制の成果は上がらず、株仲間は一八五一(嘉永《かえい》四)年に再興された。

▼**上方の買積船**　北前船(四三ページ)と同じような買積経営をおもに行う廻船として、太平洋側では尾張国知多《ちた》半島の内海《うつみ》船などが知られている。

品川沖《しながわおき》・神奈川沖で積みかえる者までいるという。つまり産地である九十九里周辺のほかに、江戸内湾を取り囲むようにいくつかの流通拠点が出現し、これらの土地の商人たちが産地と結びつき、さらに買積廻船《かいせん》と結びつくことによって、干鰯問屋が掌握できない流通が展開していたのである。さきにみた天保初年以来の動向が全面展開したものだともいえるだろう。流通の多様化のなかで復活しつつあった東浦賀干鰯問屋であったが、この願書が東浦賀干鰯問屋の手で書かれたことからもわかるように、事態は東浦賀干鰯問屋にとって必ずしも全面的に好都合であったわけではなかったのである。

　このなかで東浦賀に大きな変化が訪れた。東浦賀では元来、南北に細長い湾の東岸に細長く連なる家並みの全体が干鰯場であり、河岸通りでまにあわないときは寺社境内や人家の軒下にまで干鰯の俵を積みならべたという。しかし十九世紀以降、直接には浦賀が「海防筋御場所柄▲」となり役人通行に差障りがあってはよくないという理由をあげて、独自の干鰯場設置が模索された。まず一八二九(文政十二)年に「大ヶ谷《だいたに》町字新屋敷流失之地」を埋め立てて干鰯場とした。のちにこの地は大風波で流失し、一八三九(天保十)年に再度埋め立てたが、東

▼**海防筋御場所柄**　この時期の異国船対策として急務であった海岸防備の拠点となったことを示す。

浦賀全体の需要を満たすには狭すぎるものであった。その後、港浚《さら》いの土砂による湾奥部の大規模な埋立てが命じられ、完成した埋立て地は一八四三(天保十四)年に払い下げられた。この「築地《つきじ》」のうち二番・四番の二区画が干鰯場とされた。この干鰯場は惣囲いによって他から空間的に独立した場であること、土蔵・納家が立てられ、その間の空間が売場として用益されることなど、江戸の干鰯場と類似した性格をもっていた。江戸から一世紀以上遅れて、東浦賀においても江戸同様、独立した干鰯場が成立したのである。

一方、株仲間再興後には、江戸と東浦賀の対抗関係がふたたび顕在化してきた。一八五四(嘉永七)年、江戸干鰯問屋は本場(東上総南部)の浜方に対し、「近年江戸問屋の仕入を受けながら、浦賀問屋からも前貸金を増借りする者がおり、江戸への入荷が減って困っているので、今後地元での販売や浦賀送りをせず、一手に江戸へ送るように」などと申し入れ、これを実行しない場合には今後一切前貸しをしないと強く迫った。これに対して浜方では、そのとおりにする旨の議定《ぎじょう》証文を郡中浦々惣代《そうだい》の名で江戸問屋に差しだした。一方これを知った浦賀問屋は、惣代を浜方に派遣して抗議した。これまで浦賀から仕入金をえて

●―浦賀湾と東西浦賀（明治期の地形図より） 細長い湾の東西の家並みが、それぞれ東浦賀村、西浦賀村を構成した。

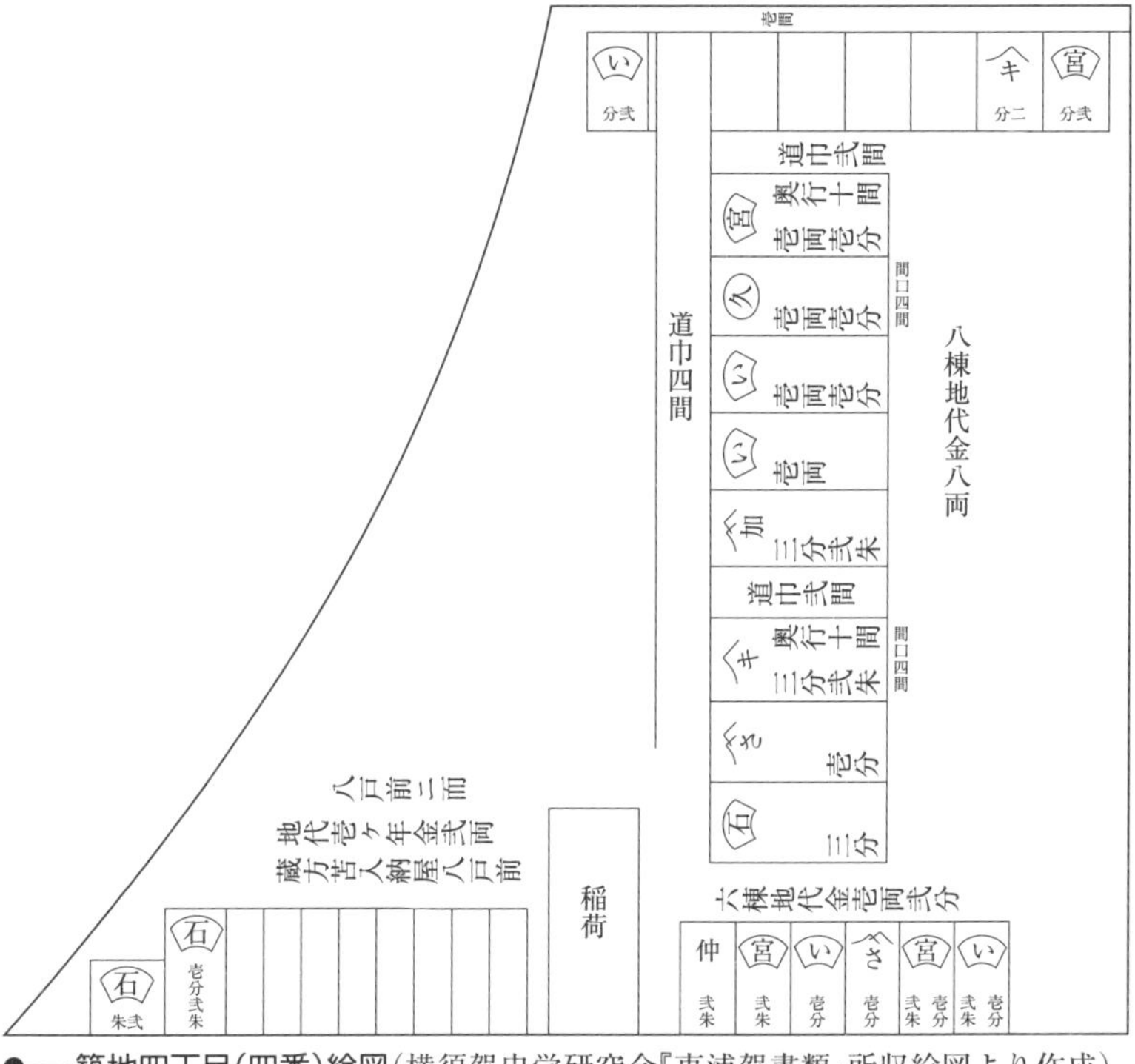

●―築地四丁目（四番）絵図（横須賀史学研究会『東浦賀書類』所収絵図より作成） 小割にされた区画は納屋・土蔵の敷地で，所持者の印や地代の額が記される。

▼**丸仕入・半株仕入**　ここでは網の操業資金を全部浦賀問屋の仕入金でまかなっている状態を「丸仕入」、半分を江戸問屋、半分を浦賀問屋の仕入金で賄っている状態を「半株仕入」と呼んでいる。

いた網のなかには、浦賀丸仕入や半株仕入▲などの者もいたのにどうしたことかというのである。これに対し浜方では、さきの議定は仕入停止を申し渡されよんどころなく書いたものであり、従来浦賀仕入の網を江戸仕入に替えるようなことはしないなどとした議定を、今度は浦賀問屋に宛てて差しだした。

この浦賀宛の議定のなかで注目されるのは、「江戸一手仕入となっては価格の比較ができず難儀である」とか、「江戸・浦賀ともに借用がない網は地売りにせよ江戸売りにせよ浦賀売りにせよ、価格のよいほうに自由に荷を送りたい」などと述べていることである。多様化する流通ルートのなかで、産地の荷主たちはしたたかに有利な売り先を求めていた。

荷主が有利な価格の形成を求めるなか、価格形成の場である市場の掌握が改めて意識されたことは想像にかたくない。東浦賀では江戸同様の干鰯場が成立した。一方すでに早くから干鰯場を成立させていた江戸では、天保期以後、問屋の店の深川《ふかがわ》移転が顕著に進行した。これは干鰯場成立の時期以来、長く問屋の店と干鰯場とが空間的に離れていた江戸の干鰯取引の特徴を、大きく変える画期的な出来事であった。株仲間再興後の東浦賀干鰯問屋との争論に際し、江戸問屋は町奉行《まちぶぎょう》の尋ねに対し次のように答えている。

前々から深川のうちに四つの市場があり、浜方から荷受けした干鰯・〆粕・魚油荷物はこの市場のみで水揚げをし、価格を決めて売りさばきます。価格が決まるまでは蔵入れしない定めです。これは見本だけを市場に出すような取引では、隠し荷物への疑惑から、価格に影響が出るからです。

価格形成機能を意識したうえでの徹底した市立てへのこだわりがみてとれる。こうした意識の高まりが、店を干鰯場に近づける動きの背景にあったのだろう。一方で同時期の東浦賀では、独立した干鰯場を成立させてはいたものの、市売買以外に問屋の相対《あいたい》による「仲間取引」の余地を残していた。もちろん東浦賀干鰯問屋も有利な価格形成のうえでの市売買の重要性は認識しており、とりわけ「江戸に売り負けないよう出精することが肝要だ」という意識はもっていたが、歴史的経緯から仲間取引を排除しきることができなかったとみられる。一方で争論に際しすべての荷を干鰯場にならべることを強調した江戸問屋側は、暗に東浦賀に対してこれを誇示しようとしたのではないだろうか。

もちろん市場を掌握しさえすればよいというものではなかった。浜方荷主が多様化する流通ルートを主体的に選択しようとする機運を強めてくるなかで、問屋は浜方との関係に慎重にならざるをえなかった。幕末期の九十九里地域に対しては、漁の有無にかかわらず投下される仕入金にかわって、漁があるごとに漁獲高に応じて貸しだされる荷為替金が、前貸金の主流になっていった。効果的な資金投下のためには、問屋は浜方の慣行や状況を地域ごとに細かく把握しておく必要があった。そのために問屋は、網主や荷宿などとのあいだできめ細かな情報交換を行った。さきにみた飯高家・飯塚屋をめぐるネットワークは、そうした情報交換の場としても機能した。本書でしばしば取り上げた江戸干鰯問屋喜多村富之助の記録は、そうした情報が集約された成果であった。

やがて時代は近代を迎える。商品流通をめぐる多様な関係の束が集約され、すりあわされることで価格が決定するという市場の本質は、時代を超えて変わることはないだろう。しかし流通のルートは複雑化し流動化していた。これを新たな時代の文脈のなかで、再び集中することにより、新たな商人たちによる新たな市場がつくりあげられていくことになる。

原直史「史料紹介・粕干鰯商売取扱方心得書―江戸干鰯問屋の経営マニュアル―」『論集きんせい』16, 1994年
原直史「近世房総をめぐる物流と海船」『千葉県史研究』3, 1995年
原直史『日本近世の地域と流通』山川出版社, 1996年
原直史「市場と問屋・仲買―江戸・東浦賀・大坂の干鰯市場を中心に―」斎藤善之編『新しい近世史 3　市場と民間社会』新人物往来社, 1996年
原直史「市場と仲間」『歴史学研究』690号, 1996年
原直史「松前問屋」吉田伸之編『シリーズ近世の身分的周縁 4　商いの場と社会』吉川弘文館, 2000年
原直史「箱館産物会所と大坂魚肥市場」塚田孝・吉田伸之編『近世大坂の都市空間と社会構造』山川出版社, 2001年
原直史「近世大坂の市場社会と「浜社会」―靫干鰯屋仲間の周辺社会を素材として―」都市史研究会『年報都市史研究10　伝統都市と身分的周縁』山川出版社, 2002年
原直史「商人の周縁性と多様性」「商いがむすぶ人びと―重層する仲間と市場―」原直史編『身分的周縁と近世社会 3　商いがむすぶ人びと』吉川弘文館, 2007年
原直史「干鰯の生産と流通」千葉県史料研究財団編『千葉県の歴史　通史編近世 2』千葉県, 2008年
原直史「市場と身分的周縁」『部落問題研究』205号, 2013年
原直史「全国市場の展開」『岩波講座日本歴史　近世 3』岩波書店, 2014年
平川新『紛争と世論―近世民衆の政治参加』東京大学出版会, 1996年
平野茂之『大阪靫肥料市場沿革史』大阪府肥料卸商業組合, 1941年
吉田伸之『巨大城下町江戸の分節構造』山川出版社, 2000年
吉田伸之『日本の歴史17　成熟する江戸』講談社, 2002年
吉田伸之「流域都市・江戸」伊藤毅・吉田伸之編『別冊都市史研究　水辺と都市』山川出版社, 2005年
吉田伸之『伝統都市・江戸』東京大学出版会, 2012年
吉田ゆり子「近世湊町の地域特性」吉田伸之・伊藤毅編『伝統都市 4　分節構造』東京大学出版会, 2010年

●―写真所蔵・提供者一覧（敬称略, 五十音順）

大阪府立中之島図書館所蔵/Osaka Archives　カバー表
国文学研究資料館　カバー裏, p. 79下, 81
国立国会図書館　扉, p. 93上
東京都　p. 1
早稲田大学図書館　p. 39上, 67
著者提供　p. 2, 12下, 20上, 39下

●──参考文献　原則として研究書・研究論文・自治体史通史編等に限り，史料集類は省略した。

荒井英治『近世日本漁村史の研究』新生社，1961年

荒武賢一朗「大坂市場と琉球・松前物」菊池勇夫・真栄平房昭編『近世地域史フォーラム①　列島史の南と北』吉川弘文館，2006年

井奥成彦「幕末－維新期九十九里における『小買商人』について―下総国海上郡足川村鈴木家の事例を中心に―」『地方史研究』199，1986年

内田龍哉「幕末における魚肥流通の構造―野尻・高田河岸の場合―」『海上町史研究』13，1980年

大石祥一編著『東京肥料史』東京肥料史刊行会，1945年

岡島永昌「大坂から大和への肥料流通―大坂積方中と在方仲買を中心に―」『ヒストリア』213号，2009年

九十九里町史編集委員会『九十九里町史各論編　中巻』九十九里町，1989年

斎藤善之『内海船と幕藩制市場の解体』柏書房，1994年

酒井亮介『雑喉場魚市場史　大阪の生魚流通』成山堂書店，2008年

桜井英治・中西聡編『新体系日本史12　流通経済史』山川出版社，2002年

清水三郎「江戸時代における魚市場と魚肥市場との機構の差異」『三重県立大学水産学部紀要』6－2，1964年

清水三郎「天保改革と水産商業」『三重県立大学水産学部紀要』6－3，1965年

清水三郎「近世における水産物流通の研究」『三重県立大学水産学部紀要』9－2，1973年

白川部達夫「大坂干鰯屋仲間と近江屋長兵衛」『東洋大学人間科学総合研究所紀要』15号，2013年

白川部達夫「大坂干鰯屋近江屋長兵衛と地域市場」『東洋大学文学部紀要』第66集史学科篇第38号，2013年

白川部達夫「大坂干鰯屋近江屋市兵衛の経営(一)～(四)」『東洋大学文学部紀要』第67集～第70集　史学科篇第39～42号，2014～17年

白川部達夫「一九世紀前半の肥料商と地域市場」『東洋学研究』53号，2016年

塚田孝『近世身分制と周縁社会』東京大学出版会，1997年

塚田孝・吉田伸之編『近世大坂の都市空間と社会構造』山川出版社，2001年

塚田孝編『大阪における都市の発展と構造』山川出版社，2004年

塚田孝『近世大坂の都市社会』吉川弘文館，2006年

中井信彦「九十九里浜に於ける地曳網漁業から揚繰網漁業への転換過程―在郷商人の問題に寄せて―」『史学』28－2，1955年

中川すがね『大坂両替商の金融と社会』清文堂出版，2003年

中川すがね「江戸時代大坂の問屋とその金融機能」『大阪商業大学商業史博物館紀要』8号，2007年

中西聡『近世・近代日本の市場構造―「松前鯡」肥料取引の研究』東京大学出版会，1996年

中西聡『海の富豪の資本主義―北前船と日本の産業化』名古屋大学出版会，2009年

西川武臣「東浦賀干鰯問屋飯塚屋の盛衰」『三浦古文化』22，1977年

西川武臣『江戸内湾の湊と流通』岩田書院，1993年

林玲子『江戸問屋仲間の研究』御茶の水書房，1967年

日本史リブレット88

近世《きんせい》商人《しょうにん》と市場《いちば》

2017年7月25日　1版1刷　発行
2024年8月31日　1版2刷　発行

著者：原《はら》　直史《なおふみ》

発行者：野澤武史

発行所：株式会社 山川出版社

〒101−0047　東京都千代田区内神田1−13−13
電話 03(3293)8131(営業)
03(3293)8135(編集)
https://www.yamakawa.co.jp/

印刷所：信毎書籍印刷株式会社

製本所：株式会社 ブロケード

装幀：菊地信義

ISBN 978-4-634-54700-1

日本史リブレット　第Ⅰ期［68巻］・第Ⅱ期［33巻］　全101巻

1 旧石器時代の社会と文化
2 縄文の豊かさと限界
3 弥生の村
4 古墳とその時代
5 大王と地方豪族
6 藤原京の形成
7 古代都市平城京の世界
8 古代の地方官衙と社会
9 漢字文化の成り立ちと展開
10 平安京の暮らしと行政
11 蝦夷の地と古代国家
12 受領と地方社会
13 出雲国風土記と古代遺跡
14 東アジア世界と古代の日本
15 地下から出土した文字
16 古代・中世の女性と仏教
17 古代寺院の成立と展開
18 都市平泉の遺産
19 中世に国家はあったか
20 中世の家と性
21 武家の古都、鎌倉
22 中世の天皇観
23 環境歴史学とはなにか
24 武士と荘園支配
25 中世のみちと都市
26 戦国時代、村と町のかたち
27 破産者たちの中世
28 境界をまたぐ人びと
29 石造物が語る中世職能集団
30 中世の日記の世界
31 板碑と石塔の祈り
32 中世の神と仏
33 中世社会と現代
34 秀吉の朝鮮侵略
35 町屋と町並み
36 江戸幕府と朝廷
37 キリシタン禁制と民衆の宗教
38 慶安の触書は出されたか
39 近世村人のライフサイクル
40 都市大坂と非人
41 対馬からみた日朝関係
42 琉球の王権とグスク
43 琉球と日本・中国
44 描かれた近世都市
45 武家奉公人と労働社会
46 天文方と陰陽道
47 海の道、川の道
48 近世の三大改革
49 八州廻りと博徒
50 アイヌ民族の軌跡
51 錦絵を読む
52 草山の語る近世
53 21世紀の「江戸」
54 近代歌謡の軌跡
55 日本近代漫画の誕生
56 海を渡った日本人
57 近代日本とアイヌ社会
58 スポーツと政治
59 近代化の旗手、鉄道
60 情報化と国家・企業
61 民衆宗教と国家神道
62 日本社会保険の成立
63 歴史としての環境問題
64 近代日本の海外学術調査
65 戦争と知識人
66 現代日本と沖縄
67 新安保体制下の日米関係
68 戦後補償から考える日本とアジア
69 遺跡からみた古代の駅家
70 古代の日本と加耶
71 飛鳥の宮と寺
72 古代東国の石碑
73 律令制とはなにか
74 正倉院宝物の世界
75 日宋貿易と「硫黄の道」
76 荘園絵図が語る古代・中世
77 対馬と海峡の中世史
78 中世の書物と学問
79 史料としての猫絵
80 寺社と芸能の中世
81 一揆の世界と法
82 戦国時代の天皇
83 日本史のなかの戦国時代
84 兵と農の分離
85 江戸時代のお触れ
86 江戸時代の神社
87 大名屋敷と江戸遺跡
88 近世商人と市場
89 近世鉱山をささえた人びと
90 「資源繁殖の時代」と日本の漁業
91 江戸の浄瑠璃文化
92 江戸時代の老いと看取り
93 近世の淀川治水
94 日本民俗学の開拓者たち
95 軍用地と都市・民衆
96 感染症の近代史
97 陵墓と文化財の近代
98 徳富蘇峰と大日本言論報国会
99 労働力動員と強制連行
100 科学技術政策
101 占領・復興期の日米関係